Roland Full

Chemie in der Grundschule? Ein Experiment!

Einfache und eindrucksvolle Versuche für Lehrer und Schüler im Sachunterricht

Ideen für die Praxis

Gedruckt auf umweltbewusst gefertigtem, chlorfrei gebleichtem
und alterungsbeständigem Papier.

3. Auflage 2024

Layout/Satz: PrePress-Salumae.com, Kaisheim
Druck: Rausch Druck GmbH, Aindlinger Str. 14, 86167 Augsburg

ISBN 978-3-95660-**425**-6

www.brigg-verlag.de

Inhaltsverzeichnis

Vorwort

Chemie an der Grundschule, das ist ein Experiment mit Pioniercharakter. Das Fach Chemie wird offiziell nur an weiterführenden Schulen unterrichtet, aber dort lässt man Schüler auch bis zur 8. oder 9. Klasse warten, bis ihr Bild von den Naturwissenschaften durch die systematische Beschäftigung mit Stoffen und Stoffänderungen erweitert und abgerundet wird. Lehrer mit dem Hauptfach Chemie mussten sich schon immer damit abfinden, in der schulischen Hierarchie der Naturwissenschaften an letzter Stelle zu stehen. Sie haben es mit Fassung ertragen!

Was ist eigentlich Chemie? Diese Frage bleibt für Schüler der Primarstufe und der Sekundarstufe I bis zum Ende ihres Ausbildungsabschnittes offen, und in der Sekundarstufe II wird sie spät beantwortet. Die nette Formel „Chemie ist, wenn es stinkt und kracht", hält sich hartnäckig, aber eigentlich stellt sie der Schule kein gutes Zeugnis aus. Der späte Beginn der Chemie an Schulen hat meines Erachtens damit zu tun, dass man dieses Fach traditionell als ein schwer zu verstehendes einstuft und das erforderliche Abstraktionsvermögen erst älteren Schülern zutraut. Ich habe im Laufe meines beruflichen Lebens versucht, gegen diese falsche Einschätzung der Chemie an Schulen und ihr schlechtes öffentliches Ansehen anzukämpfen. Meine provokative These, dass die Chemie nur deshalb als schwer gilt, weil sie an Schulen falsch gelehrt wird [1, 2], hat mir keine neuen Follower aus Chemiedidaktiker-Kreisen beschert. Der propädeutische naturwissenschaftliche Unterricht setzt zwar inzwischen in den Sekundarstufen früh ein, schafft es aber nicht, das Profil des Faches Chemie für den Schüler zu schärfen. Da geht es um allgemeine Inhalte aus dem Sachunterricht oder aus Natur und Technik, die sich überwiegend der Physik zuordnen lassen. Biologie tritt auch in das Schülerbewusstsein ein, denn Pflanzen, Tiere und Menschen, ja das Leben überhaupt, sind relevante Themen in den Lehrplänen dieser Alterstufe. In der Physik geht es um Licht, Strom, Kräfte und die Sterne und Biologie beschäftigt sich mit dem Leben, das bleibt hängen. Aber wo bleibt die Chemie? Da wird zwar ausgiebig über Verbrennungsvorgänge gesprochen. Dass sich dahinter chemische Vorgänge verbergen, wird nicht wirklich deutlich. Ich will keine Neiddiskussion führen, sondern nur darauf hinweisen, dass es ohne chemische Inhalte im vornaturwissenschaftlichen Unterricht nicht geht, auch wenn sie als solche nicht bewusst werden. Ich fände es gut, wenn sie dem Schüler eine grobe Vorstellung davon vermittelten, worum es in der Chemie geht.

In den Lehrplänen der Grundschule kommt das Wort „Chemie" eigentlich nicht vor. Ich empfand es als Gymnasiallehrer für Chemie schon immer als Verpflichtung, das chemische Standbein der Kollegen aus Haupt- bzw. Mittelschulen im Rahmen der Lehrerfortbildung zu stärken. Ich verstehe bis heute nicht, wie man einerseits Chemieunterricht an weiterführenden Schulen auf dramatische Weise überreglementieren konnte, während man bei Hauptschullehrern alle Regeln einer fundierten fachlichen Ausbildung außer Acht lässt. Es lebe der risikofreudige Autodidakt! Dass wir jetzt eine Stufe tiefer greifen, verdanke ich der zufälligen Begegnung mit der mutigen Leiterin des Referats Grundschulen an der bayerischen Akademie für Leherfortbildung in Dillingen. So beginnt auch für mich ein reizvolles Experiment, das die Türen für die Chemie auch in der Primarstufe öffnen soll, kindgemäß, effektvoll, spannend, nachhaltig und extrem experimentierlastig. Der in diesem Buch vorgestellte Lehrgang orientiert sich zwar am bayerischen Lehrplan, er will aber auch Lehrer außerhalb Bayerns erreichen. Er ist quasi grenzenlos und versteht sich als ein Angebot für Grundschullehrer in allen Bundesländern, denn die Inhalte sind Gott sei Dank nicht von exklusiv bayerischer Provinienz.

Roland Full — Hösbach im November 2021

1. Entspanntes Experimentieren, mit Sicherheit!

1.1 Chemie ohne Gefahrstoffe? Die gibt's leider nicht!

Stellen Sie sich vor, ein Theologe will ein Buch über den Himmel schreiben und die Amtskirche zwingt ihn dazu, mit einem Kapitel über die Hölle zu beginnen. So komme ich mir vor, denn ich will Ihnen zwar die himmlischen Freuden des Faches Chemie an Schulen näherbringen, muss aber erst einmal auf Gefahren und Fragen zur Sicherheit eingehen. Es fällt mir schwer, das als angenehme Pflicht zu empfinden und es ist mit Sicherheit keine optimale Einstimmung auf angstfreies Experimentieren in der Grundschule. Man kennt das von Beipackzetteln für Medikamente. Die Vorfreude auf die Linderung der Beschwerden wird erst einmal durch dramatisch klingende Hinweise auf Risiken und Nebenwirkungen getrübt. Meine Intention ist die, dass Sie sich unbelastet auf das geplante Experiment einlassen, und deshalb möchte ich Sie bitten, sich nicht schon vorher den Appetit verderben zu lassen. Spröde bürokratische Reglementierungen begleiten uns durch unser Leben und degradieren uns oft genug in unserem Beruf zu reinen Erfüllungsgehilfen. Wir dürfen sie weder ignorieren, noch sollten wir sie überbewerten. Vielleicht sollten Sie zuerst mein Plädoyer für einen intensiven naturwissenschaftlichen Experimentalunterricht auf Seite 10 lesen. Dort verweise ich auf den medienbekannten Chemie-Experten Professor Blume, der übereifrige Bürokraten darüber aufklärt, dass Chemieunterricht keine Naschbude ist, in der man ausprobiert wie Schulchemikalien schmecken.

Um das alles mal zu relativieren: Im Grunde ist jeder Stoff ein Gefahrstoff, denn es gibt kein Ding auf dieser Welt, das nur gute Seiten hat. Das sehen Sie schon alleine daran, dass die gute alte Soda (chem.: Natriumcarbonat), die zu Urgroßmutters Zeiten in jedem Gewürzregal in der Küche zu finden war, ein Gefahrensymbol mit der Bedeutung „gesundheitsschädlich" und „reizend" trägt, und dass die auf jedem Baumarkt für jedermann zugängliche Salzsäure mit „gesundheitsschädlich", „reizend" und „ätzend" charakterisiert werden muss. Wie sagte schon der alte Paracelsus: „Allein die Dosis macht das Gift!" Sie dürfen davon ausgehen, dass bei den hier vorgeschlagenen Experimenten keine reizenden und gesundheitsschädlichen Chemikalien in die Hände von Schülern gelangen. Darin besteht ja gerade die Herausforderung dieses *Experiments an Grundschulen*, die Chemie mitten im Alltag bewusst werden zu lassen. Ihnen als Lehrer wird ein bisschen mehr Risiko zugemutet als Ihren Schülern. Sie können aber sicher sein, dass die für Ihren Gebrauch reservierten Chemikalien eine geringe Gefährdungsstufe besitzen, auch weil sie hier in quasi homöopathischen Mengen zum Einsatz kommen. Die in diesem Buch angebotenen Experimente können ausnahmslos als Tätigkeiten mit geringer Gefährdung eingestuft werden. Zum Vergleich: Zu solchen Tätigkeiten gehört z. B. das Kleben von Materialien im Unterricht mit lösemittelhaltigen Klebstoffen, das Arbeiten mit Gips oder mit Dispersionsfarben. Alle Stoffe, die hier für Schüler-Experimente vorgesehen sind, sind Alltagsstoffe, die keine Gefahrenkennzeichnung tragen. Die Gefährdung für den Lehrer gilt deshalb als gering, weil äußerst geringe Stoffmengen bei sehr kurzer Expositionsdauer eingesetzt werden. Für Gefahrstoffe mit der Einstufung „Geringe Gefahren" entfallen auch bürokratische Hürden wie Dokumentationen und Betriebsanweisung. Da es sich nur um „Reagenzglas-Mengen" handelt, dürfen die verwendeten anorganischen, sauren und basischen Flüssigkeiten sogar, mit viel Wasser verdünnt, in den Ausguss entsorgt werden.

Trotz aller Motivationsversuche komme ich an folgendem Hinweis nicht vorbei: Alle Versuchsanleitungen wurden mit großer Sorgfalt erstellt. Das Durchführen der Experimente geschieht auf eigene Gefahr. Für die Einhaltung der Sicherheitsbestimmungen sind die Experimentatoren selbst verantwortlich. Dazu gehört eigentlich auch die Überprüfung des Gefährdungspotentials der verwendeten Chemikalien in entsprechenden Datenbanken, wie z.B. der aktuellen Version von D-GISS [3]. D-GISS, das Deutsche Gefahrstoff-Informations-System Schule, sorgt für ein rechtssicheres, digital gestütztes Gefahrstoffmanagement in der Schule. Für Sie hat sich das erledigt. Ich habe es Ihnen abgenommen, wie die folgenden Seiten zeigen.

1.2 Richtlinie zur Sicherheit im Unterricht

In den naturwissenschaftlichen Fächern, in Technik/Arbeitslehre, Hauswirtschaft, Kunst und Musik der allgemeinbildenden Schulen und der beruflichen Gymnasien, sowie in den allgemeinbildenden Fächern berufsbildender/beruflicher Schulen gilt die *Richtlinie zur Sicherheit im Unterricht* (*RiSU*; Fassung vom 27.2.2013 [4]). Mit ihr soll das Bewusstsein für mögliche Gefahren und deren Ursachen geschärft und das Interesse von Lehrkräften sowie Schülerinnen und Schülern an sicheren Arbeitsbedingungen durch umfassende Informationen und klare rechtliche Rahmenbedingungen unterstützt werden. Darüber hinaus soll sicherheits- und verantwortungsbewusstes Handeln als fächer- und schulformübergreifendes Erziehungsziel verstanden werden. Die Lehrkraft wird hinsichtlich ihrer Vorbildfunktion als lehrende und handelnde Person angesprochen, damit sie sich ihrerseits aufgerufen fühlt, sowohl Verhaltens- als auch Einstellungs- und Bewusstseinsänderung im Sinne von Sicherheits- und Umweltbewusstsein pädagogisch umzusetzen. Die Angaben der RiSU zur Einrichtung der Fach- und Fachnebenräume richten sich an die Schulleiterinnen und Schulleiter, die gegenüber dem Sachkostenträger dafür eintreten, dass die diesbezüglichen Sicherheitsbestimmungen eingehalten werden. Die Anforderungen und Hinweise für die Tätigkeit mit Geräten und Gefahrstoffen, die Durchführung von Versuchen etc. richten sich an die unterrichtenden Lehrkräfte. Sie sind verpflichtet, die Sicherheitsbestimmungen einzuhalten und die Hinweise auf Gefährdungen bei Tätigkeiten mit Geräten und Stoffen zu beachten. In den genannten Fächern ist neben der Gewährleistung von Sicherheit die Sicherheitserziehung der Schülerinnen und Schüler eine wichtige Aufgabe. Die Lehrkraft hat die fachlichen Voraussetzungen für einen sachgerechten Umgang mit Geräten und Stoffen zu vermitteln und bei jeder Gelegenheit zu einem sicherheitsgerechten Verhalten anzuhalten. Für Tätigkeiten bei der Vorbereitung, Durchführung und Nachbereitung des eigenen Unterrichts, einschließlich der Erstellung der Gefährdungsbeurteilung, ist die Lehrkraft verantwortlich. Reifegrad und Kenntnisstand der Schülerinnen und Schüler sind dabei zu berücksichtigen. Zu den allgemeinen Verhaltensregeln gehört, dass Schülerinnen und Schüler naturwissenschaftliche und technische Fachräume ohne Aufsicht der Fachlehrerin oder des Fachlehrers nicht betreten und sich grundsätzlich nicht alleine darin aufhalten dürfen. Schülerinnen und Schüler dürfen in der Schule in der Regel nur unter Anleitung und Verantwortung der Lehrerin oder des Lehrers Versuche durchführen. Die Lehrkraft ist dabei zu einer dem Alter und der Reife der Schülerinnen und Schüler entsprechenden Aufsicht verpflichtet. Die Lehrkraft muss auch dafür sorgen, dass Schülerinnen und Schüler persönliche Schutzausrüstungen (Schutzbrillen, Schutzhandschuhe) tragen, falls das Experiment oder das Verfahren es erfordert. Bevor die Experimente beginnen, hat sich die Lehrerin oder der Lehrer mit der Handhabung der Geräte und dem Reaktionsablauf vertraut zu machen.

1.3 Einstufung und Kennzeichnung von Chemikalien nach [5]

Die Einstufung und Kennzeichnung von Chemikalien erfolgt nach dem sogenannten *Globally Harmonized System* – GHS. Rechtsgrundlage ist die Verordnung für die Einstufung, Kennzeichnung und Verpackung (CLP-Verordnung) der EU. In der GHS-Verordnung sind sogenannte Gefahrenklassen beschrieben, z. B. entzündbare Flüssigkeiten. Der Hersteller oder Inverkehrbringer von Chemikalien muss ermitteln, welche Gefahrenklassen auf seinen Stoff oder auf sein Gemisch zutreffen. Insgesamt gehören zur Einstufung folgende Angaben:

- Gefahrenklasse
- Gefahrenkategorie
- Gefahrenhinweise (H-Sätze)

Aus der Einstufung wird dann abgeleitet, was auf dem Etikett stehen muss. Das ist die Kennzeichnung. Es gibt folgende Kennzeichnungselemente:

- Piktogramme
- Signalwort
- Gefahrenhinweise (H-Sätze)
- Sicherheitshinweise (P-Sätze)

Gefahrensymbole

Explosiv	Entzündbar	Brandfördernd (oxidierende Stoffe)	Ernste Gesundheitsgefahr / reizend	Ätzend / korrosiv
Giftig / Toxizität	Gesundheitsgefahr	Gase unter Druck	Umweltgefährlich	

1.4 Gefährdungsbeurteilung bei Tätigkeiten mit Gefahrstoffen

Nach § 2 Abs. 1 Gefahrstoffverordnung (GefStoffV) sind Gefahrstoffe gefährliche Stoffe und Gemische nach § 3a des Chemikaliengesetzes sowie Stoffe und Gemische, die sonstige chronisch schädigende Eigenschaften besitzen. Zu den gefährlichen Stoffen und gefährlichen Gemischen zählen gemäß Verordnung (EG) Nr. 1272/2008 u. a. entzündbare Flüssigkeiten und entzündbare Feststoffe.

Sie kommen auch bei Experimenten in diesem Buch zum Einsatz.

Laut § 6 der Gefahrstoffverordnung ist jeder Arbeitgeber verpflichtet, alle erforderlichen Maßnahmen zum Schutz der Beschäftigten vor Gesundheitsgefahren bei Tätigkeiten mit Gefahrstoffen durchzuführen. Im Zentrum der Gefahrstoffverordnung steht die Gefährdungsbeurteilung. Sie hat zum Ziel, gefahrstoffspezifische Gefährdungen – z. B. bei inhalativer und dermaler Exposition – zu ermitteln und zu bewerten sowie Schutzmaßnahmen festzulegen und zu überprüfen. Das Vorgehen bei der Gefährdungsbeurteilung spezifizieren die Technischen Regeln für Gefahrstoffe (TRGS)

- TRGS 400 "Gefährdungsbeurteilung für Tätigkeiten mit Gefahrstoffen" und
- TRGS 402 "Ermitteln und Beurteilen der Gefährdungen bei Tätigkeiten mit Gefahrstoffen: Inhalative Exposition"

Bei der Gefährdungsbeurteilung kann der GESTIS-Stoffenmanager® [6] unterstützen, ein Online-Instrument des Instituts für Arbeitsschutz der Deutschen Gesetzlichen Unfallversicherung (IFA). Insbesondere an kleinere und mittlere Betriebe richtet sich das „Einfache Maßnahmenkonzept Gefahrstoffe (EMKG)“. Es unterstützt bei der Beurteilung von Gefährdungen, beim Umgang mit Gefahrstoffen und es schlägt passende Maßnahmen vor.

1.5 Gefahrstoffsymbole als Gefahrenhinweise zu den Chemikalien in diesem Buch

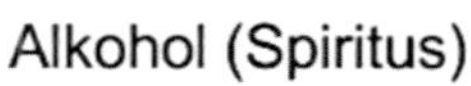
Alkohol (Spiritus) 

Ammoniumcarbonat 

Ammoniumthiocyanat 

Calciumhydroxid  

gelbes Blutlaugensalz
(Kennzeichnung nicht erforderlich)

Glucose
(Kennzeichnung nicht erforderlich)

Kaliumcarbonat (Pottasche) 

Kaliumpermanganat 

Kupfersulfat-Pentahydrat 

Lithiumchlorid 

Magnesiumsulfat Heptahydrat
(Kennzeichnung nicht erforderlich)

Natriumchlorid
(Kennzeichnung nicht erforderlich)

Natriumsulfat Decahydrat
(Kennzeichnung nicht erforderlich)

Methylenblau 

Phenolphthaleinlösung 0,1%ig 

Schwefelsäure verd. 20%

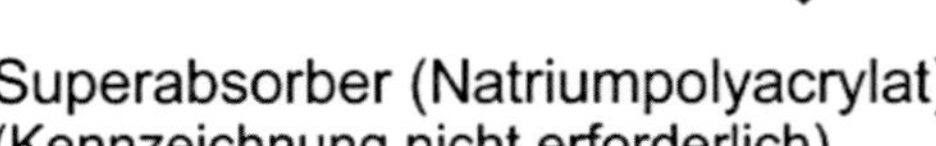
Superabsorber (Natriumpolyacrylat)
(Kennzeichnung nicht erforderlich)

Zinkpulver 

Ammoniakwasser 10%ig  

Ammoniumhydrogencarbonat;
(Kennzeichnung nicht erforderlich)

Bromthymolblau Natriumsalz;
(Kennzeichnung nicht erforderlich)

Eisen(III)chlorid Hexahydrat 

Glycerin
(Kennzeichnung nicht erforderlich)

Indigocarmin 

Kaliumnitrat (Salpeter) 

Kupfer(II)chlorid Dihydr. 

Kupferdraht
(Kennzeichnung nicht erforderlich)

Magnesiumband 

Natriumcarbonat Decahydrat (Soda) 

Natriumhydrogencarbonat
(Kennzeichnung nicht erforderlich)

Natronlauge verd. (25%) 

Oxalsäure Dihydrat 

Salzsäure verd. (15%) 

Silbernitratlösung 5% 

Thymolphthalein
(als alkoholische Lösung) 

Zitronensäure 

2. Die Bedeutung des Experiments für den naturwissenschaftlichen Unterricht

Das Unterrichtsexperiment kann eine Quelle der Faszination und der Motivation, manchmal sogar ein Stimulans für Lehrer und Schüler sein. Es ist in der Lehre auch deshalb unverzichtbar, weil es den fundamentalen Weg aufzeigt, auf dem Naturwissenschaften Erkenntnisse über diese Welt gewinnen. Das bahnbrechende Experiment zum Nachweis von Gravitationswellen im Jahr 2015 ist dafür ein aktuelles Beispiel. Es kann nicht genügen, Schülern im Unterricht nur die Ergebnisse naturwissenschaftlicher Forschung mitzuteilen. Sie müssen den Weg der Erkenntnisgewinnung selbst erleben und am besten auch selbst gehen.

Naturwissenschaftlicher Unterricht ohne Experimente, das ist Betrug an unseren Schülern, weil ihnen eine der attraktivsten Seiten der Naturwissenschaften vorenthalten wird. Es rührt an die Grundfeste des naturwissenschaftlichen Unterrichts, wenn Schüler nie live erfahren, auf welchem Wege all die Erkenntnisse zustande kamen, die man ihnen beizubringen versucht. Auch wenn bürokratische Überregulierungen den Experimentalunterricht zunehmend erschweren, das virtuelle Experiment kann kein Ersatz für das Realexperiment sein. Das reale Experiment ist und bleibt das Herzstück des naturwissenschaftlichen Unterrichts! Dies gilt ganz besonders in Zeiten, in denen unsere Kinder von den Medien mit virtuellen Inhalten überflutet werden. Der Hinweis auf bürokratische Hürden (Gefährdungsbeurteilung, Ersatzstoffprüfung) ist keine gute Ausrede für den Verzicht auf das praktische Experimentieren und vor allem auf das Schülerexperiment.

Besonders hart trifft es die Chemie, weil die Angst vor Gefahrstoffen ein Klima der Verunsicherung schafft. Aber, Chemie ohne Gefahrstoffe, das ist ein Widerspruch in sich, denn diese Chemie gibt es nicht! Hier muss die Frage nach der Verhältnismäßigkeit von Schaden und Nutzen in der Lehre durch Restriktionen eindringlich gestellt werden. Wollen wir den Chemieunterricht wirklich zu einer Veranstaltung mit Haushaltschemikalien verkümmern lassen und unseren Kindern ein einfältiges Bild von unserer vielfältigen und komplexen stofflichen Welt vermitteln?

Es ist ein großer Irrtum, wenn aus dem Umgang mit Gefahrstoffen zwangsläufig eine Gefährdung der Beteiligten abgeleitet wird. Natürlich sind Sicherheitsregeln so unverzichtbar wie im Straßenverkehr, aber wenn sie gewachsene Standards der schulischen Lehre und Bildungsziele gefährden, dann geht der Schuss nach hinten los. Professor Blume, der Internetratgeber für Chemie mit eigenem Bildungsserver und großer Außenwirkung, bringt es auf den Punkt: „Irgendwie hat man den Eindruck, dass manche Bürokraten meinen, dass Schüler und Lehrer die Schulchemikalien essen und trinken …“ und … „Es gibt offensichtlich Bestrebungen, das Fach Chemie als Experimentierfach komplett abzuschaffen“ [7].

Deshalb mein Appell an die Lehrer in allen Schularten, aber auch an die Behörden und Ministerien: Rettet das Experiment! In meinen letzten aktiven Lehrerjahren habe ich, so etwa ab 2010, bei Schülern der 5. Jahrgangsstufe einen dramatischen Verlust an alltagsrelevanten manuell-handwerklichen Fähigkeiten erlebt. Da gab es welche, die beim Steine-Klopfen den Hammer mit dem Kopf in die Hand nahmen. Handwerk ist Arbeiten mit der Hand, aber auch der Chirurg ist im wahrsten Sinne des Wortes ein Handarbeiter. Wenn Schule unbekannte Dinge für Kinder begreifbar machen will, dann ist das nicht nur ein geistiger Prozess, denn Begreifen beginnt mit den Händen. Deshalb mein leidenschaftliches Plädoyer für das Schülerexperiment. Keine Frage: Es bringt den Lehrer immer in Stresssituationen, aber die Begeisterung der Kinder kann das bei einiger Routine kompensieren. Lassen Sie uns in allen Schularten und in allen Stufen unseres Bildungssystems möglichst früh damit beginnen!

3. Wer hat Angst vor dem Bunsenbrenner?
Eine Konfrontationstherapie für ängstliche Lehrer!

3.1 Bunsenbrenner, Kartuschenbrenner und Maxiteelicht im Vergleich

Info: Der Gasbrenner ist für den Chemiker das wahrscheinlich wichtigste Laborgerät überhaupt. Immer wenn in einem Labor ein Stoff erhitzt werden soll, kommt er zum Einsatz. Es gibt 2 Arten von Gasbrennern, den klassischen Bunsenbrenner (die Variante, die meist im Labor zum Einsatz kommt, heißt Teclubrenner) und den Kartuschenbrenner, der so ähnlich aussieht wie der Gaskocher bei der Camping-Ausrüstung.

Bei Brennern, die an fest verlegte Gasleitungen angeschlossen sind, wird Erdgas verbrannt, das zu über 90 % aus Methan besteht. Die Druckgasdose für den Kartuschenbrenner enthält eine Mischung aus Propan und Butan. Alle drei Gase sind extrem leicht entzündbar. Die Druckgasdose enthält Gase unter Druck, deshalb darf man sie nicht zu stark erwärmen. Beim Gebrauch der Brenner brennen die Gase zwar kontrolliert, aber mit offener Flamme. Diese stellt eine Wärme- und Zündquelle dar, die zu Verbrennungen (Haut) und zum Brand von in der Nähe befindlichen Gegenständen (insbesondere auch Haar, Handschuhe, und Kleidung) führen kann. Nach Abstellen der Flamme ist der Brenner an der Spitze noch heiß: Achtung Verbrennungsgefahr! Beim Einsetzen/Wechseln der Druckgasdose muss beim Anschrauben auf Dichtigkeit geachtet werden (nur Ventilkartuschen verwenden!).

Der Bunsenbrenner wurde 1855 vom bedeutenden deutschen Chemiker *Robert Wilhelm Bunsen* (1811–1899) erfunden. Das Funktionsprinzip beruht darauf, dass durch einen regulierbaren Schieber Luft von unten gerade in der Menge angesaugt wird, wie sie das aus einer Düse ausströmende Gas benötigt. Wenn der Flamme Luft zugeführt wird (Luftzufuhrschraube geöffnet), ist sie grundsätzlich wesentlich heißer als bei geschlossenem Schieber. Im ersten Fall spricht man von einer rauschenden oder entleuchteten Flamme. Die gelb lodernde, gestaltlose Flamme ohne Luftzufuhr nennt man „nichtrauschend“ oder „leuchtend“. Die Erfindung von Bunsen war so genial, dass sie seit 1855 kaum nennenswert verbessert wurde. Es gibt vielerlei Abwandlungen des Bunsenbrenners, das Grundprinzip ist aber immer das gleiche. An den heißesten Stellen (Saum des Außen-, Spitze des Innenkegels) erreicht die rauschende Flamme ca. 1200°C, direkt über der Rohrmündung beträgt die Temperatur „nur“ 300 – 500°C.

Versuch 1: Bau und Funktion des Bunsen- und des Kartuschenbrenners

Geräte und Materialien: Bunsenbrenner mit Anzünder, Kartuschenbrenner

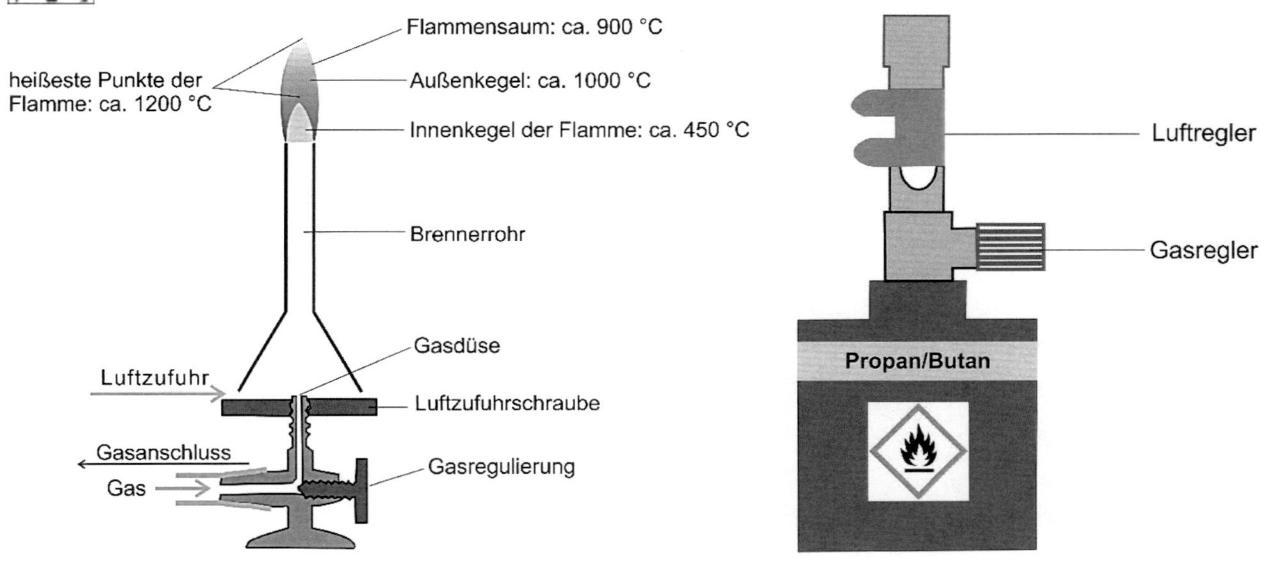

Roland Full: Chemie in der Grundschule? Ein Experiment! · Best.-Nr. 425
© Brigg Verlag, Friedberg

Durchführung:

- Zerlegen Sie den Bunsenbrenner in seine Einzelteile. Vergleichen Sie diese mit den Teilen des Bunsenbrenners in der Abbildung oben links.
- Schrauben Sie den Busenbrenner wieder zusammen und nehmen sie ihn nach den unten aufgelisteten Regeln in Betrieb.
- Nehmen Sie danach den Kartuschenbrenner nach der Anleitung unten in Betrieb.
- Der nächste Versuch dient dem direkten Vergleich von Bunsenbrenner, Kartuschenbrenner und Maxiteelicht. Die Brenner bleiben also so lange in Betrieb.

Regeln zur Inbetriebnahme des Bunsenbrenners	**Regeln zur Inbetriebnahme des Kartuschenbrenners**
Lange Haare zurückbinden! Herunterhängende Schals und voluminöse Halstücher ablegen!	
Schutzbrille aufsetzen ⬇	Schutzbrille aufsetzen ⬇
Bunsenbrenner an die Gasversorgung anschließen ⬇	Luftzufuhr schließen (das Luftloch muss verschlossen sein) ⬇
Überprüfen, ob die Luftzufuhr geschlossen ist ⬇	Gaszufuhr leicht öffnen ⬇
Gashahn an der Gasversorgung öffnen ⬇	Gas entzünden ⬇
Flamme am Anzünder erzeugen ⬇	leuchtende Flamme (500 - 750 °C) ⬇
Gasregulierung am Bunsenbrenner öffnen ⬇	Luftzufuhr ein kleines Stück weit öffnen (immer noch leuchtende Flamme 750 - 1200 °C) ⬇
Gas am oberen Ende des Brennerrohrs entzünden. Der Brenner zeigt jetzt eine leuchtende Flamme ⬇	Luftzufuhr ganz weit öffnen (rauschende Flamme 1000 - 1500 °C)
Luftzufuhr öffnen bis das Leuchten gerade verschwindet	
Regeln zum Löschen des Bunsenbrenners	**Regeln zum Löschen des Kartuschenbrenners**
Immer zuerst Luftzufuhr schließen ⬇	Luftzufuhr schließen ⬇
Gasregulierung am Bunsenbrenner schließen ⬇	Gaszufuhr schließen ⬇
Gashahn an der Gasversorgung schließen ⬇	**Vorsicht: Der Brennerkopf ist noch heiß!**
Brennerschlauch von der Gasversorgung trennen	

Versuch 2: Hot Spots - Die heißesten Stellen in den Brennerflammen

Geräte und Materialien: Busenbrenner, Kartuschenbrenner, Maxiteelicht, Anzünder, Wäscheklammer aus Holz, Pinzette, Zahnstocher, Glas Wasser, Nähnadel (mindestens 5 cm oder länger), Magnesiastäbchen, Magnesiumband

Durchführung:

- Stellen Sie einige Zahnstocher einige Minuten vor Versuchsbeginn in ein Glas mit Wasser.
- Fassen Sie die lange Nähnadel am hinteren Ende mit der Wäscheklammer oder der Pinzette. „Stechen" Sie die Nadel quer so durch die Flamme, dass sie auf der anderen Seite wieder herausschaut und verschieben Sie die Nadel langsam Richtung Flammenspitze. Stellen Sie fest, wo die Nadel rot glüht. Führen Sie dieses Experiment mit leuchtender (Luftschraube zu) und entleuchteter, rauschender Flamme (Luftschraube offen) durch.

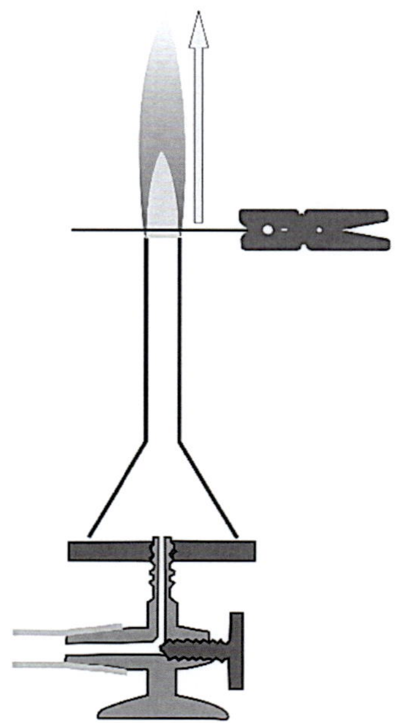

- Beim Teelicht beginnen Sie direkt über dem Docht, beim Kartuschen- und Bunsenbrenner unmittelbar über dem Brennerrohr. Finden Sie heraus, an welchen Stellen in den Flammen der drei Brenner die Nadel rot glüht. Das Teelicht braucht eine große Flamme. Achten Sie auf einen langen Docht!
- Nehmen Sie einen Zahnstocher aus dem Wasser. Stechen Sie ihn, wie zuvor die Nadel, quer durch die Flamme (leuchtend und entleuchtet) und zählen Sie vom Eintritt in die Flamme bis Sie erste schwarze Verkohlungserscheinungen am Holz erkennen können. Nehmen Sie dann den Zahnstocher schnell aus der Flamme. Wenn er brennt, blasen Sie ihn aus. Wiederholen Sie diesen Vorgang in der Mitte und der Spitze der Flamme. Dazu können Sie immer denselben Zahnstocher verwenden, sie müssen ihn nur verschieben. Vergleichen Sie die Zeiten miteinander, die Sie durch Zählen der Sekunden ermittelt haben. Je heißer die Flamme, umso schneller tritt die Verkohlung auf.
- Testen Sie nun die „Hot Spots“ in den Flammen mit einem Magnesiastäbchen. Verfahren Sie exakt so, wie zuvor mit der Nähnadel beschrieben. Sie können das Magnesiastäbchen direkt in die Hand nehmen, da es die Wärme nur ganz schlecht leitet. Stellen Sie fest, an welchen Stellen das Magnesiastäbchen jeweils glüht und finden Sie so die heißesten Stellen des Bunsenbrenners heraus. Untersuchen Sie mit dieser Methode wieder die Flammen am Kartuschen- und Bunsenbrenner sowie die Teelichtflamme (in der Regel schafft man es nicht, das Magnesiastäbchen in der Teelichtflamme zum Glühen zu bringen), was auch Rückschlüsse auf die Flammen-Temperaturen zulässt.
- Bringen Sie nacheinander ein ca. 3 cm langes Stück Magnesiumband mit der Pinzette in den Saum der Bunsen-, Kartuschenbrenner- und der Maxiteelicht-Flamme. Wo entzündet es sich, wo nicht? **Schauen Sie nach dem Entzünden nicht direkt in das grelle Verbrennungs-Licht.** Es blendet die Augen! Magnesium erreicht eine Verbrennungstemperatur von über 2400 °C. In der Regel reicht die Hitze der Kerzenflamme nicht für seine Entzündung aus.

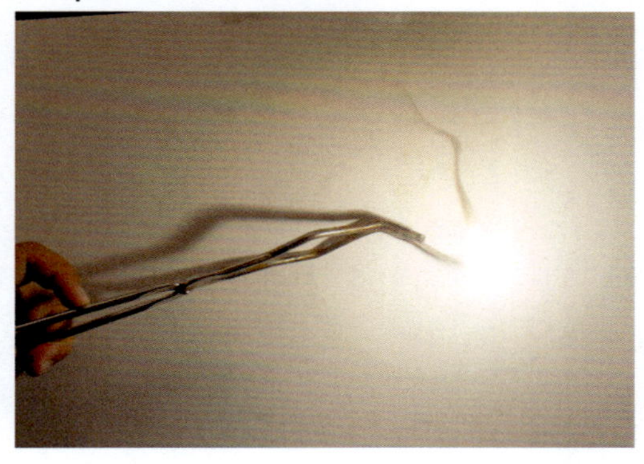

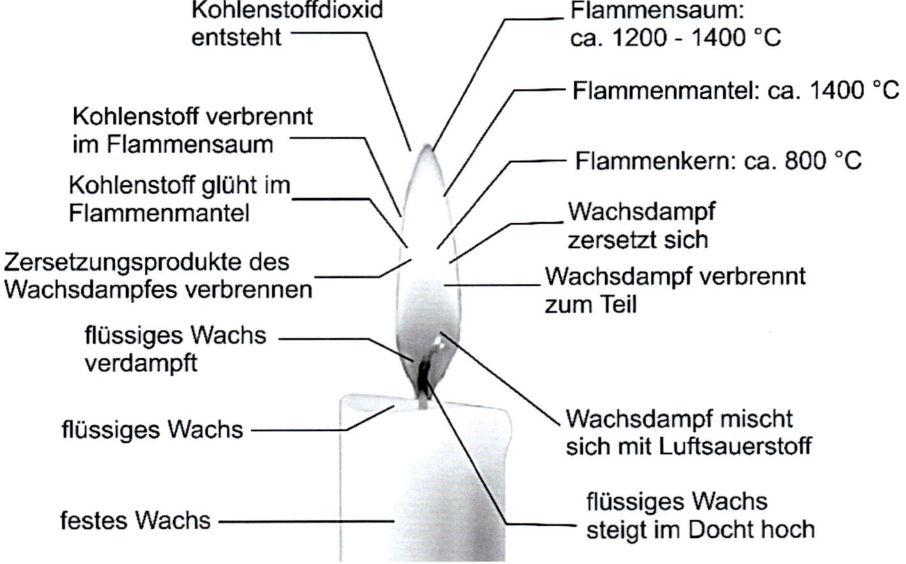

Abb.: Chemische Vorgänge und Temperaturzonen in einer Kerzenflamme

Versuch 3: Farbige Flammen

Geräte und Materialien: Bunsenbrenner, Kartuschenbrenner, Maxiteelicht, 3 Uhrgläser, (alternativ: 3 leere Teelichtbecher), Anzünder, Nagel, Wäscheklammer aus Holz, Pipetten, 5%ige Lösungen von Kochsalz (Natriumchlorid; das kann auch Speisesalz sein), Lithiumchlorid, Kupferchlorid (oder Kupfersulfat)

Durchführung:

- Füllen Sie in die Uhrgläser je etwas Kochsalz-, Lithiumchlorid- und Kupferchlorid-Lösung (anstelle der Uhrgläser können auch leere Teelichtbecher verwendet werden).

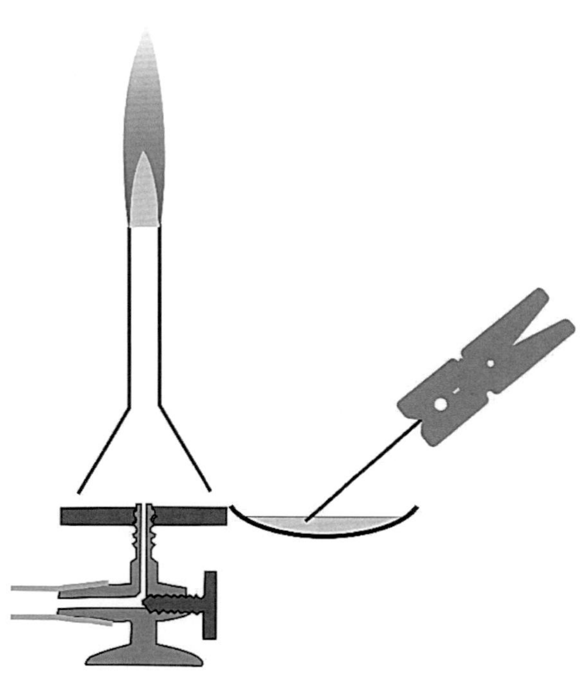

- Stellen Sie den Bunsenbrenner so ein, dass der Luftspalt offen ist. Beim Kartuschenbrenner soll das Luftloch ganz offen sein. Halten Sie das Uhrglas (die Teelichtbecher) mit den Lösungen nacheinander an den Luftspalt (das Luftloch) und erhitzen Sie den Nagel an der Wäscheklammer kräftig in der Flamme. Tauchen Sie ihn dann schnell in die Salzlösung im Uhrglas (Teelichtbecher). Freuen Sie sich über farbige Flammen!
- Probieren Sie auch die Flammenfärbung an der Flamme des Maxiteelichtes.
- In einer ganz einfachen Variante (evtl. auch schülertauglich), kann man den Brenner durch einen Teelichtbecher ersetzen, in dem man etwas Spiritus entzündet. Der Teelichtbecher sollte auf einem Teller stehen. Die Salzlösung bringt man in einem Kaffeelöffel so an die Spiritusflamme, dass sich die Löffelspitze in der Flamme befindet. Dann taucht man den in der Flamme an der Wäscheklammer erhitzten Nagel in die Flüssigkeit ein.

Hinweis: Die Flammenfärbungen dienen in der chemischen Analytik als Nachweise für viele metallische Elemente (Natrium: gelb: Lithium: karminrot; Strontium: ziegelrot; Kupfer: türkis).

Versuch 4: Kupfermünzen in der Hitze versilbern und vergolden

Geräte und Materialien: Bunsenbrenner, Kartuschenbrenner, Maxiteelicht, Anzünder, Vierfuß mit Mineralfasernetz (Ceranplatte) Pottasche (Kaliumcarbonat), Zinkpulver, Pinzette, blanke Kupfermünzen (wie neu), Lappen, Becherglas/Esslöffel, Teelöffel

Durchführung I: Die Lehrer-Variante

- Geben Sie in ein 250 ml-Becherglas drei Teelöffel Pottasche (Kaliumcarbonat) und lösen sie dieses in ca. 2 fingerbreit Wasser. Geben Sie zwei Spatelspitzen Zinkpulver zu.
- Lassen Sie einige blanke Kupfermünzen ins Becherglas gleiten und stellen Sie es über den Bunsenbrenner/Kartuschenbrenner auf den Vierfuß.
- Erhitzen Sie zum Sieden für einige Minuten und drehen Sie die Münze dabei einmal um.
- Nehmen Sie dann die Münzen mit der Tiegelzange heraus und reiben Sie sie blank.
- Halten Sie eine versilberte Münze mit der Tiegelzange einige Minuten über bzw. in die Spitze der Bunsenflamme und wenden Sie sie hin und her.

Es gibt auch eine einfache Variante des Versuchs mit einem Teelicht, die schülertauglich ist.

Geräte und Materialien: Maxiteelicht, Anzünder, Esslöffel (größere Koch-/Servierlöffel gibt es in Billigläden), Teelöffel, Pinzette, Trinkglas, blanke Kupfermünzen, Zinkpulver, Pottasche (= Kaliumcarbonat), Küchenpapier

Durchführung II: Die Schüler-Variante

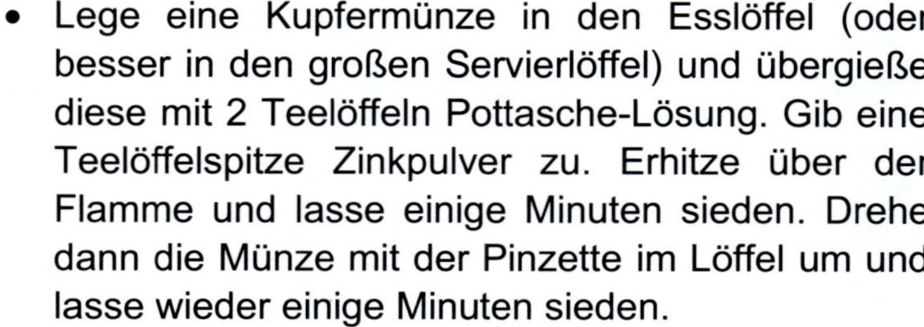

- Gib in das Trinkglas 2 Esslöffel Wasser. Löse darin 2 Teelöffel Pottasche (umrühren).
- Entzünde das Teelicht.
- Lege eine Kupfermünze in den Esslöffel (oder besser in den großen Servierlöffel) und übergieße diese mit 2 Teelöffeln Pottasche-Lösung. Gib eine Teelöffelspitze Zinkpulver zu. Erhitze über der Flamme und lasse einige Minuten sieden. Drehe dann die Münze mit der Pinzette im Löffel um und lasse wieder einige Minuten sieden.
- Nimm die Münze mit der Pinzette heraus und reibe sie mit Küchenpapier blank. Sie sollte jetzt auf beiden Seiten ganz silbrig sein.
- Fasse die Münze so mit der Pinzette, wie im Bild links, und halte sie ca. 2 Minuten über die Kerzenflamme ohne diese zu berühren. Wende sie dabei hin und her. Beende das Erhitzen, wenn beide Seiten der Münze gleichmäßig "goldig" erscheinen.

Achtung: Die Münze ist dann noch heiß! Du darfst sie nicht gleich mit den Fingern anfassen!

Erklärung: Was wie Silber aussieht, ist reines Zink, das sich in der Hitze auf dem Kupfer der Münze niederschlägt. In der Flamme verschmilzt dann die hauchdünne Zinkschicht mit dem Kupfer darunter zu Messing, einer goldglänzenden Legierung.

Versuch 5: Mutproben mit Feuer und Flammen

Geräte und Materialien: Schutzbrille, Laborkittel, Arbeitshandschuhe (vom Baumarkt), Bunsen- oder Kartuschenbrenner, Anzünder, Stativ mit Klammer und Muffe, Reagenzglas, Reagenzglashalter, Tiegelzange, Becherglas, großes Becherglas, Spiritus, Geldschein, Teelöffel, Esslöffel, Wachskerze, Küchenmesser, Getränkedose (aus Alu, nicht aus Stahl!), Plastikschüssel, Rolle Alufolie, DIN-A4-Blatt Papier, Schere, Tesafilm, Teelöffel, Lycopodium (= Bärlappsporen), evtl. abknickbarer Trinkhalm

Durchführung I: Geldschein in Flammen

- Geben Sie in ein Becherglas je 3 Esslöffel voll Wasser und Spiritus. Setzen Sie eine Spatelspitze Kochsalz zu und schwenken Sie um. Tauchen Sie einen Geldschein (oder ein Taschentuch) mit der Tiegelzange in die Flüssigkeit bis er (es) durchtränkt ist, lassen Sie abtropfen und entzünden Sie ihn (es) dann in der Brennerflamme.

Erklärung: Der Geldschein brennt nicht, weil er seine Entzündungstemperatur nicht erreicht. Die Wärme der Alkohol-Flamme reicht nicht aus, weil sie durch das Aufwärmen und Verdampfen des Wassers verbraucht wird. Das Kochsalz sorgt für eine intensive gelbe Flammenfärbung. Mit Lithium-, Calcium- oder Strontium-Salzen können rote Flammen erzeugt werden.

Sicherheitshinweise für das folgende Experiment:

Bei diesem Experiment müssen einige Sicherheitsvorkehrungen getroffen werden, da durchaus Stichflammen von 1 - 2 m Länge auftreten können.

- Entfernen Sie alle brennbaren Gegenstände aus dem Bereich der Versuchsdurchführung.
- Decken Sie den Experimentiertisch mit Alufolie ab.
- Arbeiten Sie mit dem Bunsenbrenner an einem Ende des Tisches. Dort stellen Sie auch das Becherglas mit Wasser ab.
- Wenn Sie das erhitzte Reagenzglas zum Schluss in das Wasser tauchen, halten Sie die Reagenzglasöffnung in Richtung der mit Alufolie geschützten Unterlage.
- Tragen Sie bei diesem Experiment Schutzbrille, Schutzkittel und Arbeitshandschuhe.

Durchführung II: Die spektakuläre Verbrennung von Wachs

- Schaben Sie von einer Kerze so viel Wachs ab, dass das Reagenzglas ca. 2 – 3 cm hoch gefüllt ist.
- Stellen Sie ein großes Becherglas mit Leitungswasser bereit und erhitzen Sie dann das Wachs am Reagenzglashalter bis es siedet (!). Es müssen Bläschen im Wachs hochsteigen. Das Sieden des Wachses mit Siedebläschen soll mindestens 1 Minute andauern.
- Dann tauchen Sie den Reagenzglasboden schnell ins kalte Wasser im Becherglas. Aus dem Reagenzglas schießt weißer Rauch, der sich entzündet und in einen beeindruckenden Feuerball übergeht.

Erklärung: Das geschmolzene und sich zersetzende Wachs hat eine Temperatur von ca. 400°C. Wenn das Reagenzglas im kalten Wasser springt, dringt Wasser ein und verdampft explosionsartig. Dabei reißt es den Wachsdampf und das geschmolzene Wachs mit in die Luft. Durch die Zersetzung der Kohlenwasserstoffketten, die im Wachs enthalten sind, kommt es zur Bildung von hochreaktiven Radikalen, die sich beim Kontakt mit Luftsauerstoff spontan entzünden.

Durchführung III: Stichflamme mit Bärlappsporen

- Halbieren Sie ein DIN A4-Blatt durch waagerechtes Falten in der Mitte der Längsseite und schneiden Sie an der Falzkante entlang das Blatt in 2 Hälften. Mit einer Hälfte und mit Tesafilm formen Sie einen Trichter mit Öffnungen von ca. 0,5 cm hinten und ca. 5 cm vorne (siehe Abbildung oben). Man kann auch einen abknickbaren Trinkhalm verwenden.
- Füllen Sie einen Teelöffel voll Bärlappsporen (Lycopodium) in den Papiertrichter ein. Verschließen Sie dabei die kleine hintere Öffnung mit dem Daumen. Blasen Sie dann die Bärlappsporen aus ca. 50 cm Abstand in die Brennerflamme. Bei Verwendung eines Trinkhalms wird dieser bis zur Knickstelle mit Lycopodium gefüllt. Die Bärlappsporen werden über den langen Schenkel des Trinkhalms in die Flamme geblasen.

Erklärung: Bärlappsporen werden schon lange von Feuerspuckern und von Pyrotechnikern zur Erzeugung von Explosions- und Feuer-Effekten genutzt. Sie werden auch als „Hexenmehl" oder „Blitzpulver" bezeichnet. Dabei handelt es sich um eine Staubexplosion im klassischen Sinne (es gibt z. B. auch Mehlstaub-Explosionen), bei der die extrem große Ober- und Kontaktfläche zum Luftsauerstoff als Summe der Oberfläche der unzähligen kleinen Teilchen die entscheidende Rolle spielt. Auch die im Inneren der Sporen enthaltenen ätherischen Öle, die ca. 50 % ihres Gewichts ausmachen, tragen zur Verbrennung bei und verstärken die Flammen.

Durchführung: Die implodierende Dose

- Stellen Sie eine Schüssel mit kaltem Wasser bereit.
- Geben Sie in die Getränkedose wenig Wasser. Halten Sie die Dose mit einer Tiegelzange über den Brenner und bringen Sie das Wasser zum Kochen. Fassen Sie die Dose in der unteren Hälfte.
- Wenn das Wasser siedet, tauchen Sie die Dose schnell mit der Öffnung nach unten in das kalte Wasser in der Schüssel ein.

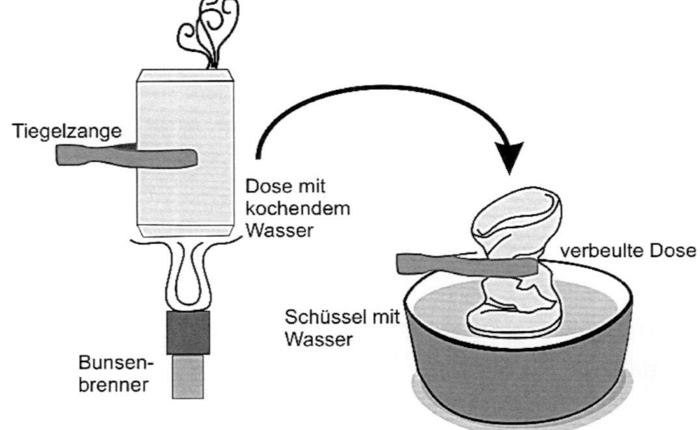

Erklärung: Was wir hier erleben ist eine Implosion, weil der Wasserdampf, der die Dose ausfüllt, sich beim Abkühlen schlagartig zusammenzieht. Dabei entsteht ein gewaltiger Unterdruck.

Versuch 6: Der Dosenbrenner, eine schülertaugliche Wärmequelle

Hinweis: Der Umgang mit offenen Flammen birgt bei Schülern aller Altersstufen Gefahrenmomente, erst recht bei Grundschülern. Für sie kommt ohnehin nur ein Teelicht als Wärmequelle in Frage, aber auch das muss der Lehrer von der Klassensituation abhängig machen. Und wer sorgt für die Flamme? Schüler der 1. und 2. Klasse sind meist noch nicht in der Lage, ein Gasfeuerzeug oder ein Stabfeuerzeug mit Piezozündung zu bedienen. Also wird der Lehrer, wenn er sich für die Kerze entscheidet, nach dem Austeilen der Teelichter das Anzünden wohl selbst übernehmen müssen und dazu von Schülerteam zu Schülerteam gehen. Dann wäre die Wärmequelle einsatzbereit. Es gibt aber eine Variante, bei der die Berührung und der Kontakt mit der offenen Flamme nach ihrem Entzünden unterbunden werden kann. Das ist der so genannte „Dosenbrenner", von dem sich jeder Lehrer leicht und günstig einen Klassensatz selbst herstellen kann. Alles was er braucht sind leere Getränkedosen (am besten aus Aluminium, denn die Stahldose hat eine dickere Wandstärke) und eine robuste Schere.

Geräte und Materialien: leere Getränkedosen (aus Aluminium), spitzes Messer, alte Schere, Maxiteelicht, Anzünder, Lineal, Arbeitshandschuh, Kupfersulfat, Spatel, Pipette

Durchführung:

- Stechen Sie ein spitzes Messer ca. 1 cm unterhalb der Oberkante (dort wo die Trinklasche ist) in die Dosenwand und vergrößern Sie mit dem Messer den Einschnitt in Querrichtung.
- Setzen Sie am Einschnitt die Schere an und schneiden Sie das Oberteil der Dose mit einem „Rundschnitt" ganz ab. Verkürzen sie dann mit der Schere die Wandhöhe so, dass der Dosenbrenner insgesamt eine Höhe von 6 cm besitzt. Der Schnitt sollte so sein, damit die Dose gerade steht.
- Machen Sie mit der Schere drei große v-förmige Einschnitte in gleichmäßigem Abstand in die Dosenwand (siehe Abb. rechts).
- Schon ist der Dosenbrenner einsatzbereit. Wir können seine Vorzüge in einem kleinen Experiment kennenlernen. Der eingedellte Unterboden der Dose ist unsere Kochmulde, die im Betrieb des Dosenbrenners nach oben zeigt.
- Stellen Sie das Maxiteelicht neben den Dosenbrenner, entzünden Sie es und schieben Sie es dann unter den Dosenbrenner.
- Geben Sie mit dem Spatel eine kleine Spatelspitze (!) Kupfersulfat in die Kochmulde. Dieses soll sich an der tiefsten Stelle der Kochmulde befinden und keine zu dicke Schicht bilden. Sie können beobachten, dass das blaue Kupfersulfat in 5 - 10 Minuten eine weiße Farbe annimmt.
- Heben Sie mit dem Arbeitshandschuh den Dosenbrenner vom Teelicht. Lassen Sie kurz abkühlen und tropfen Sie dann mit der Pipette 1 - 2 Tropfen Wasser auf das weiße Kupfersulfat. Beobachten Sie die Wirkung des Wassers.
- Der Dosenbrenner kann im Spülbecken bei laufendem Wasser aus dem Hahn gereinigt und das Kupfersulfat in den Ausguss gespült werden.

Erklärung: Blaues Kupfersulfat gehört chemisch gesehen zu den Ionenverbindungen (auch Salze genannt), die alle eine kristalline Struktur besitzen. Dies bedeutet, dass die einzelnen Bausteine, das sind in unserem Falle positiv geladenen Kupfer-Ionen (Cu^{2+}) und negativ geladene Sulfat-Ionen (SO_4^{2-}), hochsymmetrisch in einem so genannten Kristallgitter angeordnet sind. Im Falle des Kupfersulfats, das in der Sprache der Chemie mit Langnamen Kupfersulfat Pentahydrat ($CuSO_4 \cdot 5\ H_2O$) und in der Sprache der Mineralogen und Winzer (früher wurde es im Weinbau zur Behandlung von Pilzerkrankungen und in der Medizin zur Wundbehandlung eingesetzt) Kupfervitriol heißt, sind in das Kristallgitter als Bausteine auch noch Wassermoleküle eingebaut. Dieses „Kristallwasser" sieht man dem Salz nicht an, weil es im Inneren der Kristallstruktur verschwindet. Es erscheint also für das Auge keinesfalls feucht. Das Kupfersulfat verdankt diesem Kristallwasser seine blaue Farbe, die es dann verliert, wenn es durch Erhitzen aus dem Kristallgitter ausgetrieben wird. Die blaue Farbe kommt zurück, wenn man dem weißen, entwässerten Kupfersulfat wieder Wasser zuführt.

Versuch 7: Zur Belohnung Crème brûlée – Der Sternekoch greift zum Gasbrenner

Geräte und Materialien: Bunsen- oder Kartuschenbrenner, Anzünder, Kaffeelöffel, Esslöffel, Crème brûlée (Fertigpackung vom Supermarkt), brauner Zucker

Durchführung:

- Bestreuen Sie die Crème brûlée aus der Verpackung mit 1 Esslöffel braunem Zucker.
- Karamellisieren Sie den Zucker, indem Sie ihn direkt mit der entleuchteten, rauschenden Brennerflamme berühren.
- Die Karamellisierung ist abgeschlossen, wenn der Zucker eine dunkelbraune Farbe bekommt. Es muss eine knackige Karamellkruste entstehen. Lassen Sie abkühlen und dann heißt es: Guten Appetit!

4. Einfache, lehrplankonforme Experimente für Lehrer und Schüler

Das hier vorgestellte experimentelle Konzept orientiert sich am Lehrplan des Heimat- und Sachunterrichtes an Grundschulen in Bayern. Dort heißt es in den „Fachprofilen“, dass Kinder „Die Welt untersuchen und erklären“ sollen und im Gegenstandsbereich „Natur und Umwelt“ wird erwartet, dass sie sich mit „physikalischen und chemischen Betrachtungsgegenständen“ beschäftigen. In den Fachlehrplänen der Jahrgangsstufen 1 und 2 finden sich unter dem „Lernbereich 3: Natur und Umwelt“ Inhalte wie „Stoffe und Energie“ und „Luft, Wasser, Wetter“, die in Klasse 3 und 4 fortgesetzt werden. Dort kann der Chemiker Anknüpfungspunkte finden, die im Folgenden ausführlicher als üblich behandelt und auf chemische Aspekte fokussiert werden. Die ausgearbeiteten Themen finden sich in dieser oder ähnlicher Form auch in den Grundschul-Lehrplänen der anderen Bundesländer. Insofern versteht sich dies Buch als länderübergreifendes Angebot für geschmeidige Lehrer in allen Bundesländern.

4.1 Stoffe und Energie (1/2)

4.1.1 Was ist Chemie? Was ist ein Stoff?

Das sind für einen Grundschüler, vor allem für den Erstklässler, nicht leicht zu beantwortende Fragen, auch weil eine erste Antwort schon gleich die nächste Frage provoziert:

„Chemie ist die Lehre von den Stoffen und den Stoffänderungen, okay, aber was bitte ist ein Stoff und eine Stoffänderung?“ Natürlich verbindet der Schüler mit dem Begriff „Stoff“ immer zunächst den Stoff, aus dem Kleider genäht werden. Er weiß auch, dass es zusammengesetzte Wörter gibt, in denen „Stoff“ vorkommt, z.B. Nahrungsstoff, Brennstoff, Klebstoff, Kunststoff, Unterrichtsstoff, Baustoff, Farbstoff, Pflanzenstoff etc. Es gibt in der Literatur keine Standard-Antwort auf die Stoff-Frage, die als grundschultauglich und als verständlich für einen 6 - 10-Jährigen gelten kann. Hier ist ein Versuch, den Begriff „Stoff“ mal ganz anders zu beschreiben und es soll nicht allein bei Worten bleiben. Der Schüler darf seine neuen Erkenntnisse auch über Experimente gewinnen und festigen. Dazu könnte folgender Hinweis nützlich sein:

Chemie ist eine Wissenschaft, die sich mit der Natur beschäftigt. Man zählt sie deshalb auch zu den Naturwissenschaften. Naturwissenschaftler wollen wissen, wie unsere Welt funktioniert. Alles was sie bisher an Wissen über die Welt und die Natur gesammelt haben, ist das Ergebnis von Beobachtungen und von Experimenten. Deshalb wollen auch wir mit kleinen Experimenten unbekannte Wissenswelten erforschen. Sie sollen Antworten auf die Fragen geben: Was ist Chemie, was ist ein Stoff und was ist eine Stoffänderung?

Folgende Definition für „Stoff“ könnte man mit Grundschülern erarbeiten:

Wir selbst, unser Körper und unsere gesamte Umgebung bestehen aus Stoffen. Da gibt es zum Beispiel die Stoffe Holz, Stein, Glas, Plastik, Zucker, Wasser, Eiweiß und Millionen andere Stoffe. Es gibt feste, flüssige und gasförmige Stoffe. Alles was wir anfassen, in ein Gefäß füllen und wiegen können, ist ein Stoff. Auch die Luft ist nicht Nichts. Sie ist ein Stoff!

Dass die Luft ein Stoff ist, werden wir bald in einem einfachen Experiment beweisen.

Versuch 1: Wir untersuchen Stoffe *(nach ISB „Illustrierende Aufgaben zum Lehrplan Plus“, Grundschule, Heimat- und Sachunterricht, Jahrgangsstufen 1/2* [8])

Geräte und Materialien:

Zu untersuchende Stoffe: Eisennagel, Glas (Objektträger), Papier, Aluminium (Alufolie), Wolle (kleines Stück Wollfaden), Mehl, Plastikbecher (in kleine Stücke zerschneiden), Wasser, Salz, Zucker, Büroklammer, Styropor, Holz (z.B. in Form von Zahnstochern), Wachs (z.B. Teelicht, auf einem Stück Alufolie in kleine Brocken zerlegt), Kaffee (lösliches Kaffeepulver), evtl. Zinn, Pflanzenöl, Stein

Weitere Geräte und Materialien: Plastikbecher transparent 0,2 cl, Schere, Teelicht, Anzünder, Trinkglas, Löffel zum Umrühren, Gasfeuerzeug mit langem Finger und Piezozündung, alter

Teller (feuerfeste Unterlage), Pinzette, Wäscheklammer, Glas mit Wasser, Rolle Küchenpapier
Es werden die oben angeführten Materialien oder ein Teil davon ausgegeben. Es empfiehlt sich Gruppenarbeit mit arbeitsteiligem Vorgehen. Die Schüler bekommen folgende Aufträge:

Durchführung I: Beschreibe die Eigenschaften des Stoffes!

- Wie sieht der Stoff aus? Welche Farbe hat er? Welche Form hat er?
- Wie fühlt er sich an? Ist er hart oder weich?
- Riecht der Stoff? Wenn ja, versuche, den Geruch zu beschreiben?

Durchführung II: Was passiert mit dem Stoff in Wasser?

- Fülle den Plastiktrinkbecher halbvoll mit Wasser.
- Gib den Stoff oder ein Stück davon ins Wasser. Bei pulverförmigen Stoffen nimmst du jeweils eine Kaffeelöffelspitze, bei flüssigen einen vollen Kaffeelöffel. Was passiert?
  - Schwimmt er oder sinkt er?
  - Löst er sich im Wasser oder vermischt er sich mit Wasser?

Durchführung III: Was passiert, wenn wir den Stoff erhitzen?

- Stelle das Glas mit Wasser bereit.
- Erhitze ein Stück der zu untersuchenden Probe in der Teelichtflamme.
  - Beachte dabei die Regeln beim Umgang mit offenem Feuer!
  - Nähere feste Stoffe mit der Pinzette langsam der Flamme. Zum Schluss dürfen sie in die Flamme gebracht werden. Wenn sie brennen, tauchst du sie ins Glas mit Wasser. Bei Styropor darf man nur einen Krümel nehmen, so groß wie eine Erbse.
  - Für flüssige Stoffe drehst du dir aus einem Stück Alufolie einen Docht. Dann nimmst du den Docht mit der Pinzette, tauchst seine Spitze in die Flüssigkeit und bringst so die Flüssigkeits-Probe in die Flamme.
  - Bei festen Stoffen formst du aus Alufolie einen kleinen Becher (Alufolie um Fingerkuppe wickeln), gibst die Probe hinein und hältst ihn mit der Pinzette in die Flamme.
- Was passiert mit dem Stoff?
  - Verbrennt er, verkohlt er, verformt er sich oder schmilzt er?

Wenn alle Schülergruppen zwei (oder mehr) Stoffe untersucht haben, suchen sie sich eine andere Gruppe, mit der sie ihre Ergebnisse austauschen. Dann kann die Vorstellung der Ergebnisse im Plenum erfolgen. Die Schüler können jetzt schon etwas differenzierter mit dem Begriff „Stoff“ umgehen. Zur weiteren Differenzierung könnte die folgende Tabelle beitragen.

Stoff	**kein Stoff**
Flüssigkeiten wie Wasser, Benzin, Saft, Wein oder Öl	Licht
feste Stoffe wie Stein, Schokolade, Holz, Glas oder Gummi	Wärme
Gase wie Luft, Erdgas, Kohlendioxid oder Sauerstoff	Töne, Geräusche

Versuch 2: Feste, flüssige und gasförmige Stoffe – Eis, Wasser, Wasserdampf

Geräte und Materialien: Unterteller, 2 Plastikbecher (transparent), Eiswürfel, kalter Teller (1 Nacht im Tiefkühlschrank), Plastikpipette, Wasserglas, 0,5 L-PET-Wasserflasche aus dem Tiefkühlschrank (die zuvor bis auf einen kleinen Luftrest mit Wasser gefüllt wurde), Küchenrolle

Durchführung I: Blitzeis im Teller

- Fülle etwas Wasser in das Trinkglas. Lege eine Plastikpipette neben das Glas.

- Jetzt bekommst du vom Lehrer einen Teller, der sich eine Nacht im Tiefkühlfach befand und deshalb eiskalt ist.

- Nimm mit der Pipette etwas Wasser aus dem Trinkglas auf und lasse einzelne (!) Tropfen auf den kalten Teller fallen.
- Nimm den Teller hoch und lasse die Wassertropfen durch Neigen des Tellers zerfließen. Berühre die Eisplättchen mit einem Finger, um sie zu fühlen.

Durchführung II: Wasserdampf aus der Luft gegriffen

- Du bekommst vom Lehrer eine Plastikflasche. Sie enthält Wasser, das im Tiefkühlschrank zu Eis erstarrt ist.
- Wische die Flasche mit Küchenpapier trocken. Lass sie stehen und warte.
- Siehst du, wie sie sich beschlägt? Lasse die Flasche längere Zeit stehen und beobachte. Wenn du wartest, siehst du sogar Wassertropfen an der Flasche herunterlaufen.
- Weißt du, wo dieses Wasser an der Flaschenwand herkommt? Natürlich aus der Luft, woher denn sonst? Luft ist fast nie ganz trocken. Sie enthält unsichtbaren Wasserdampf. Das ist z. B. gut dafür, dass unsere Nase beim Atmen nicht austrocknet.
- Wasserdampf ist gasförmiges Wasser, das wir nicht sehen können. Wenn er aber abkühlt, wandelt sich der Dampf in flüssiges Wasser um. Dazu sagt man: Der Wasserdampf *kondensiert*. Wenn du einen Spiegel anhauchst, dann siehst du, dass auch deine Ausatemluft ganz viel Wasserdampf enthält. Er kondensiert auf dem kalten Spiegel und der Beschlag, den du siehst, besteht aus lauter winzig kleinen Wassertröpfchen.

Durchführung III: Können Eiswürfel ein volles Glas zum Überlaufen bringen?

- Fülle einen Plastikbecher ziemlich voll, den anderen halbvoll mit Wasser.

- Stelle den Becher, der mehr Wasser enthält, auf einen Unterteller.
- Der Lehrer gibt dir 2 - 3 Eiswürfel. Lasse sie in den Becher auf dem Unterteller fallen.
- Fülle dann aus dem anderen Becher so viel Wasser ein, dass er gerade überläuft.
- Jetzt schaust du zu, wie das Eis schmilzt. Was meinst du, läuft der Becher beim Schmelzen nochmals über?

Erklärung: Eis schwimmt auf Wasser. Die Leute sagen, Eis ist leichter als Wasser und Fachleute sagen, seine Dichte hat abgenommen. Sie ist kleiner als die von Wasser. Deshalb schwimmt es. Der Teil des Eises, der sich unter Wasser befindet (das sind 9/10 seines Volumens), verdrängt Wasser, daher steigt der Wasserspiegel, wenn man den Eiswürfel in das Wasser gibt. Der Eiswürfel schrumpft beim Abschmelzen exakt auf den Teil zusammen, der sich vorher

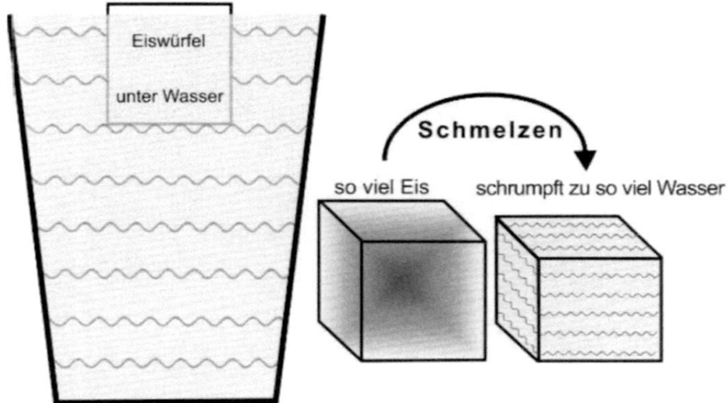

unter Wasser befand. Man könnte auch sagen er nimmt nach dem Abschmelzen genau das Volumen des Wassers ein, das er vorher beim Schwimmen verdrängt hat oder er schrumpft auf das Volumen, das er als Wasser vor dem Gefrieren einnahm. So werden aus 11 Liter Eis 10 Liter Wasser. Deshalb läuft das Glas nicht über.

Versuch 3: Ist Luft auch ein Stoff?

Hinweis: Alles was wir anfassen, in ein Gefäß füllen und wiegen können, ist ein Stoff! So haben wir den Begriff „Stoff" beschrieben (siehe Seite 20). Kann man auch Luft anfassen, abfüllen oder wiegen? Der folgende Schülerversuch soll darauf eine Antwort geben.

Geräte und Materialien: Rundstab (Holz oder Kunststoff; l = ca. 50 cm, Ø = ca. 1 cm), Rundholz (l= ca. 40 cm, Ø = ca. 4 mm), 2 Seilklammern (Gardinenzubehör, Baumarkt), Cuttermesser, Schnur, Stativ mit Muffe, 3 gleiche Luftballons (pro Schülergruppe; nicht zu kleine), Nadel, Filzstift, Lineal (oder Meterstab)

Vorbereitende Arbeiten durch den Lehrer: Für jede Schülergruppe wird eine einfache Balkenwaage bereitgehalten. So wird sie hergestellt:

- Markieren Sie mit einem Filzstift die Mitte des Holzstabes und an beiden Seiten je einen Punkt, der ca. 3 cm vom Stabende entfernt ist.
- Schneiden Sie mit dem Cuttermesser am Mittelstrich eine Kerbe ins Holz und verknoten Sie das Bindfaden-Stück in der Kerbe. Hier kann es beim Versuch nicht mehr verrutschen. Das andere Ende des Bindfadens verknoten Sie zu einer Schlaufe.
- Klemmen Sie an den beiden äußeren Markierungen je eine Seilklammer am Holzstab fest.
- Spannen Sie in der Muffe am Stativ den dickeren Rundstab aus Holz oder Kunststoff ein.

Durchführung:

- Man hängt zunächst am Rundstab in der Muffe an der Schlaufe die Balkenwaage auf.
- Dann werden zwei gleiche Luftballons an den Seilklammern eingehängt (die wulstigen Ringe am Hals der Ballons werden durch die Öse gesteckt, die die Haken bilden). Wir achten darauf, dass sich in der Nähe der Luftballons keine Eisenteile befinden, weil die aufgeblasenen Luftballons sich statisch aufladen und von den Eisenteilen angezogen werden. Es wird auch ein möglichst großer Abstand zur Stativstange gehalten.
- Jetzt verschiebt man die Seilklammern so, dass sich der Wägebalken mit den Luftballons exakt im Gleichgewicht befindet.
- Man nimmt einen Luftballon aus dem Haken und legt dafür einen anderen ein, damit der Wägebalken nicht so stark in Schieflage gerät. Den herausgenommenen Luftballon bläst man gut auf, verknotet ihn am Hals und hängt ihn wieder an seiner ursprünglichen Stelle in den Haken an der Seilklammer ein.
- Was macht die Balkenwaage?
- Jetzt hält man den aufgeblasenen Luftballon fest und sticht in der Nähe des Luftballonhalses (dort ist die Haut erkennbar dicker und der Luftballon platzt nicht beim Einstechen)

5 - 10 Mal die Nadel ein. Die Luft entweicht langsam. Um den Luftaustritt zu beschleunigen, kann man den Ballon mit den beiden Handflächen etwas zusammenpressen.

- In welcher Stellung befindet sich die Balkenwaage, wenn der Ballon ganz luftleer ist? Welche Schlussfolgerungen kann man daraus ziehen?

Hinweis und Erklärung: Dieses einfache Experiment ist aus physikalischer Sicht nicht ganz unumstritten [10]. Auf den aufgeblasenen Luftballon wirken nämlich 2 Kräfte: die Gewichtskraft, die nach unten gerichtet ist und eine nach oben gerichtete Auftriebskraft, die sich im Prinzip aufheben sollten. Die Luft, die sich im Ballon befindet, und die, die dieser in Luft verdrängt, haben dasselbe Volumen, aber die Luft im Ballon ist etwas schwerer, weil sie komprimiert ist. Die Balkenwaage zeigt eigentlich nur diesen Unterschied an. Dem Grundschüler ist das nicht vermittelbar, aber dennoch ist das Experiment vertretbar, nicht nur weil es einfach ist, sondern weil es grundsätzlich zeigt, dass Luft etwas wiegt, auch wenn es komprimierte Luft ist.

Insgesamt wollen wir zu der Aussage kommen: Ja, die Luft hat ein Gewicht! 1 Liter Luft wiegt 1,3 Gramm. Man kann sie auch anfassen und wie eine Flüssigkeit in ein Gefäß gießen, oder umschütten, wenn man sie soweit abkühlt, dass sie flüssig wird (das sind fast - 200 °C). Luft ist ein gasförmiger Stoff. Schau dir ein Gasfeuerzeug an. In seinem Tank befindet sich eine Flüssigkeit, die hin und her fließen kann. Wenn man auf das Ventil drückt, strömt sie als Gas aus. Du kannst das hören und das Gas riechen. Im Feuerzeug ist das Gas so stark zusammengepresst, dass es flüssig wird. Sobald es an die Luft kommt, wird es wieder gasförmig.

Versuch 4: Auch unsichtbare Gase sind Stoffe – Man kann sie sogar umgießen

Hinweis: Außer Luft gibt es noch viele andere Gase. Eines, das du kennst, ist Kohlendioxid. Es perlt aus der Mineralwasserflasche, es befindet sich in deiner Ausatemluft, es entsteht, wenn Benzin im Motor verbrannt wird und es sprudelt aus Brausetabletten, wenn man sie in Wasser löst. Dieses Kohlendioxid benutzen wir beim folgenden Experiment. Um dieses zu verstehen, musst du noch wissen, dass Flammen zum Brennen immer Luft brauchen. Kohlendioxid erstickt Flammen, deshalb wird es auch in Feuerlöschern eingesetzt. Du weißt, dass Gase ein Gewicht haben. Ein Liter Luft wiegt 1,3 Gramm, ein Liter Kohlendioxid 2 Gramm. Es ist also schwerer als Luft und deshalb sinkt es in Luft zu Boden, genau wie Steine im Wasser.

Geräte und Materialien: bauchige Essigessenz-Flasche (ca. 400 ml; der Verschluss wird mit einer Kombizange vom Lehrer entfernt), Brausetabletten vom Drogeriemarkt, Trinkglas mit breiter Öffnung, Teelicht, Anzünder

Durchführung:

- Gib in die Essigessenz-Flasche gerade so viel Wasser, dass der Boden gut bedeckt ist.
- Zerbreche 2 Brausetabletten und werfe die Bruchstücke in die Flasche.

- Stelle das entzündete Teelicht ins Trinkglas.
- Warte, bis das Sprudeln der Brausetabletten aufhört und setze dann den Flaschenhals auf den Rand des Trinkglases.
- Kippe die Flasche, als wolltest du ihren Inhalt in das Trinkglas übergießen. Achte darauf, dass keine Flüssigkeit aus der Flasche ins Glas überläuft (das ist der Grund, warum wir keine schmale Wasserflasche, sondern die bauchige Essigessenz-Flasche benutzen!)

- Was macht die Teelichtflamme? Geht sie aus, wenn ja, warum?
  Du hast das unsichtbare schwere Kohlendioxid-Gas, das sich unten in der Flasche gesammelt hat, in das Trinkglas umgegossen. Es fällt dort als schweres Gas wieder auf den Boden. Wenn das Glas bis zum Kerzendocht damit gefüllt ist, wird die Flamme erstickt.

Hinweis: Du siehst hier, dass man auch Gase in Gefäße füllen kann. Und wie bei flüssigen und festen Stoffen gibt es auch unter den Gasen schwerere und leichtere Vertreter.

Versuch 5: Kunststoffe - Kunststoff-Abfälle trennen

Hinweis: Warum heißen Kunststoffe so, wie sie heißen? Manche nennen sie auch schlicht „Plastik". Der Name steht für eine Abgrenzung gegenüber den Naturstoffen. Es sind halt künstlich hergestellte Stoffe und sie sind aus unserem modernen Leben nicht mehr wegzudenken. Und da sie in der Natur nicht vorkommen, müssen die Chemiker ran, die Stoffumwandler. Sie haben Methoden gefunden, verschiedenste Kunststoffsorten aus Erdöl herzustellen. Natürlich werden einerseits viel zu viel unnötige Kunststoffartikel produziert, die uns zumüllen, auch unsere Meere. Andererseits sind sie lebensnotwendig, wenn es um künstliche Herzklappen, Gelenke, Frischhalteverpackungen für Lebensmittel und Autoteile mit wenig Gewicht geht.

Geräte und Materialien: Kunststoffbecher transparent 0,2 cl, Teelöffel, Salz, Streifen von PE- (bestimmte Haushaltsreiniger-Flaschen; Zeichen: 02, 04), PS- (Joghurt- u. Quarkspeisenbecher; Zeichen: 05) und PVC-Kunststoffen (Kabelummantelung, Duschvorhang, PVC-Schlauch; Zeichen: 03), Spülmittel

Durchführung:

- Fülle den Becher mit Wasser und gib einen Tropfen Spülmittel dazu.
- Lege die drei Kunststoff-Proben ins Wasser und beobachte.
- Gib dann 6-7 Teelöffel Salz dazu und rühre um bis sich alles aufgelöst hat. Was ändert sich?

Erklärungen für den Lehrer: In Wasser schwimmen nur Stoffe, die eine kleinere Dichte als das Wasser selbst haben. Die Dichte von Polyethylen (PE) liegt bei 0,94 – 0,96 g/cm^3, die von Polystyrol (PS) zwischen 1,06 und 1,13 g/cm^3 und die von Polyvinylchlorid (PVC) beträgt 1,39 g/cm^3. Also schwimmt nur PE-Kunststoff in Wasser, das selbst eine Dichte von 1,0 g/cm^3 hat. Wird Salz in Wasser gelöst, dann erhöht sich die Dichte des Wassers. Sobald sie den Wert für PS-Kunststoff überschreitet, steigen die PS-Proben an die Wasseroberfläche.

Versuch 6: Farbstoffe – Farben trennen

Geräte und Materialien: Schere, Streifen Filterpapier (der Lehrer schneidet aus weißen Kaffeefiltertüten vom Supermarkt Streifen von ca. 4 x 10 cm vor), Trinkglas (oder transparenter Trinkbecher 0,2 L, Höhe 8 - 10 cm), Zahnstocher, Büroklammer, Filzstift schwarz (wasserlöslich, z. B. Fineliner „STABILO"), Lineal

Durchführung:

- Schneide den Filterpapierstreifen so ab, dass er genau die Höhe des Trinkglases hat.
- Schiebe ihn an der Innenwand des Glases bis zum Boden, ziehe ihn dann ca. 2 fingerbreit hoch und knicke das Papier, das aus dem Glas herausragt, um die obere Trinkglas-Kante.
- Ziehe mit dem Filzstift ca. 1 fingerbreit vom Papierende einen dicken Querstrich.
- Falze den Streifen an der Knickstelle nach, hänge ihn über den Zahnstocher und fixiere ihn mit der Büroklammer.
- Setze den Zahnstocher so auf das Glas, dass der Papierstreifen hineinhängt. Mache an der Glasaußenwand dort mit dem Filzstift einen Strich, wo der Papierstreifen endet.
- Nimm ihn wieder heraus und fülle Wasser ins Glas bis etwas über den Strich.
- Jetzt beginnt das Experiment: Lege den Zahnstocher übers Glas. Der Papierstreifen sollte jetzt unten ins Wasser eintauchen. Der Filzstiftstrich auf dem Papier muss sich deutlich **über** dem Wasser befinden!
- Lasse den Streifen im Wasser, bis die aufsteigende Wasserfront den Zahnstocher erreicht hat. Nimm ihn dann aus dem Glas. Du siehst jetzt, welche Farben sich hinter dem „Schwarz" des Filzstiftes verbergen, die das Auge vorher nicht erkannt hat.

Erklärung: Die angewandte Methode zur Trennung von Filzstiftfarben heißt Chromatographie, hier Papierchromatographie. Der Trenneffekt beruht darauf, dass die verschiedenen Farben in dem durch die Kapillarwirkung des Papiers hochgesaugtem Laufmittel Wasser unterschiedlich schnell transportiert werden. Auf diese Weise kann man auch verschiedene Aminosäuren und Eiweiße trennen. Das Papier nennt man „stationäre Phase", das Wasser „mobile Phase".

Versuch 7: Geschmacksstoffe - Die Süß-Sauer-Falle und Farben schmecken

Geräte und Materialien: Tüte Gummibärchen, Untertasse, Zahnstocher, evtl. Augenbinde, 6 Trinkgläser (oder Kunststoff-Trinkbecher transparent), Kaffeelöffel, Esslöffel, Messer, Zucker, Zitronensäure (essbar: z. B. von Dr. Oetker)

Durchführung I: Die Süß-Sauer-Falle

- Stelle drei Trinkgläser nebeneinander.

- Das erste füllst du mit Leitungswasser.
- Das zweite füllst du auch mit Wasser und löst darin 2 Esslöffel Zucker.
- Schütte die Hälfte davon ins dritte Glas. Gib einen halben Kaffeelöffel Zitronensäure dazu.
- Nimm einen Schluck aus jedem Glas und vergleiche den Geschmack.

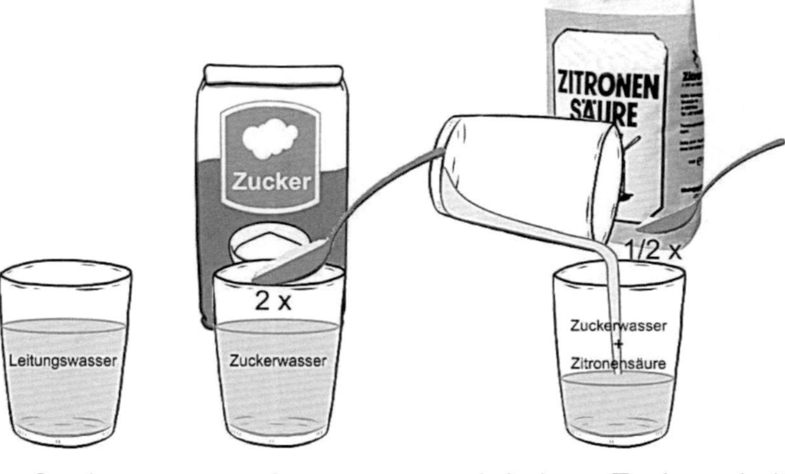

Hinweis: Bei Erfrischungsgetränken, Ketchup, Würzsoßen, Gummibärchen und Konfitüren wird der Süß-Sauer-Trick gerne angewandt. Durch die Kombination von Zucker und Säure ist es schwierig, den tatsächlichen Zuckergehalt herauszuschmecken. So kann man einen ungesund hohen Zuckergehalt vertuschen. Säurehaltige Lebensmittel können in Verbindung mit Zucker den Zahnschmelz angreifen, wenn sie in großen Mengen über einen längeren Zeitraum verzehrt werden.

Durchführung II: Farben schmecken

- Nimm in größeren zeitlichen Abständen ein rotes, grünes, gelbes, orangefarbenes und ein farbloses Gummibärchen in den Mund. Lasse sie langsam zergehen und versuche dir die verschiedenen Geschmacksrichtungen einzuprägen. Zu deiner Orientierung: Das weiße schmeckt nach Ananas, das grüne nach Apfel, das hellrote nach Erdbeere, das dunkelrote nach Himbeere, das orangefarbene nach Orange und das gelbe nach Zitrone.
- Erkennst du danach die Farbe eines Gummibärchens nur am Geschmack?
- Schütte die Gummibärchen aus der Tüte in einen Teller. Du verschließt jetzt deine Augen (evtl. auch mit einer Augenbinde) und öffnest den Mund. Ein Mitschüler spießt mit dem Zahnstocher ein Gummibärchen im Teller auf und steckt es dir in den Mund. Kannst du dem Geschmack eine Farbe zuordnen? Danach werden die Rollen unter den Mitschülern vertauscht. Jeder darf mal versuchen, im „Blindversuch“ Farben zu schmecken.

Hinweis: Schmecken wir nur mit der Zunge? Wir wären nahezu geschmacklos, wenn die Zunge ganz allein dafür zuständig wäre, wie unsere Nahrung schmeckt. Sie legt nämlich nur die vier oder fünf groben Geschmacksrichtungen fest, die es gibt. Ansonsten leistet eigentlich die Nase die Hauptarbeit beim Schmecken. Viele von uns haben das schon bei starken Erkältungen erlebt, wenn die Nase zu ist. Die Zunge allein könnte nicht einmal die Zwiebel vom Apfel unterscheiden, während die Nase mehr als 10.000 verschiedene Gerüche erkennen kann. Zuständig ist die Zunge für süß, sauer, salzig, bitter und auch für umami. Und wie bitte schmeckt umami? Das Wort kommt aus dem Japanischen und bedeutet "fleischig-würzig-wohlschmeckend". Auch die Augen essen mit. Jedenfalls hat die Farbe eines Nahrungsmittels einen starken Einfluss auf die Geschmacksvorstellung.

Versuch 8: Aromastoffe (Geruchsstoffe/Duftstoffe) – Vanille- und Zitronenaroma

Geräte und Materialien: 3 Pipetten, 3 verschließbare kleine Gefäße (z.B. Filmdöschen oder Rollrand-Schnappdeckelgläschen), Zitronenaroma, Vanillearoma (Butter-Vanille von „*RUF*“ aus dem Supermarkt)

Durchführung:

- Der Lehrer gibt mit der Pipette in ein kleineres, verschließbares Gläschen oder in ein Filmdöschen mit Deckel 4 Tropfen Zitronenaroma, in ein zweites mit einer anderen Pipette 4 Tropfen Vanillearoma und in das dritte jeweils zwei Tropfen Vanille- und Zitronenaroma. Die Gefäße werden danach sofort verschlossen und an die Schüler verteilt.
- Schnüffle intensiv am Zitronenaroma. Zähle bis zum Beenden deines Riechversuches auf 10. Verschließe danach gleich das Gefäß.
- Rieche dann intensiv am Gefäß mit der Mischung der Duftstoffe und beschreibe deine Dufteindrücke.
- Lasse etwas Zeit vergehen. Wiederhole den Test, indem du mit dem Vanillearoma beginnst und dann an der Mischung riechst.
- Rieche wieder intensiv am Zitronenaroma. Ziehe den Duft tief in die Nase ein. Merkst du, wie beim zweiten und dritten Mal die Geruchsstärke nachlässt?

Hinweis: Mit diesem Experiment kann die Abstumpfung des Geruchssinns festgestellt werden. Interessant ist, dass man im Duftstoffgemisch nur das Vanillearoma wahrnimmt, wenn man vorher am Zitronenaroma gerochen hat und umgekehrt. Durch den anhaltenden Reiz beim intensiven Riechen sinkt die Empfindungsstärke der Versuchsperson für diesen Duft. Auch Schmecken geht nicht ohne Riechen. Damit wir Stoffe riechen können, müssen sie bis zu den Sinneszellen der Riechschleimhaut in unserem Naseninneren gelangen und dort einen Reiz auslösen. Das können sie nur, wenn sie Dämpfe bilden, die leicht flüchtig sind. Andererseits müssen sich die Duftstoffe auch in der feuchten Riechschleimhaut lösen. Festgelegt wird das letztlich durch den chemischen Bau der Duftstoffmoleküle. Duft- und Aromastoffe sind in vielen Pflanzen und besonders im Obst enthalten. Der typische Geruch einer Pflanze wird aber in der Regel nicht durch eine einzige Duftsubstanz, sondern durch einen Cocktail von Geruchsmolekülen geprägt. Den speziellen Geruch oder Geschmack, den solche Stoffgemische oder auch einzelne Duftstoffmoleküle verursachen, bezeichnet man im eigentlichen Sinn als Aroma. Allein im Kakao kann der Chemiker über 400 einzelne Aromastoffe entdecken. Eingeteilt werden die Aromastoffe in natürliche Aromen (kommen in der Natur vor und werden aus natürlichen Grundstoffen erzeugt), naturidentische Aromen (sind mit Naturaromen identisch, werden aber künstlich hergestellt), künstliche Aromen, Aromastoffe pflanzlichen und tierischen Ursprungs und in Raucharomen. Wenn wir die Duft- und Aromastoffe aus der Pflanze herauslösen, erhalten wir in der Regel stark riechende Flüssigkeiten, die man als ätherische Öle bezeichnet. Die verschiedenen ätherischen Öle tragen den Namen der Pflanze oder der Pflanzenteile, aus denen sie gewonnen werden, z.B. „Rosenöl“ oder „Kümmelöl“.

Versuch 9: Treibstoffe - Das Seifenschiffchen

Geräte und Materialien: Suppenteller (evtl. auch Spülschüssel), Seifenspender mit Flüssigseife, leerer Teelichtbecher

Durchführung:

- Forme aus dem Teelichtbecher ein Schiffchen mit einer Spitze vorn. Drücke die Rückwand in der Mitte ein bisschen ein, weil dort der „Treibstoff“ gelagert wird (siehe die Abb. unten).
- Fülle den Teller (die Schüssel) mit Wasser.

- Gib aus dem Seifenspender vorsichtig einen Tropfen Flüssigseife in die Einbuchtung am hinteren Rand des Bootes.
- Setze das Boot auf das Wasser. Wenn es am Rand hängenbleibt, musst du nur die Spitze von der Wand des Gefäßes wegdrehen. Nach einiger Zeit verliert das Schiffchen seinen Antrieb, weil dann die Seifenteilchen die ganze Wasseroberfläche besetzen. Wenn du das Boot noch einmal starten willst, musst du den Teller ausleeren, gut spülen (er muss spülmittelfrei sein), mit frischem Wasser füllen und evtl. den „Treibstoff" nachfüllen.

Erklärung: Ein Treibstoff, auch Kraftstoff genannt, ist grundsätzlich ein Stoff mit hohem Energieinhalt. Er wird meist durch Verbrennung zum Antrieb von Fortbewegungsmitteln wie Fahrzeuge, Flugzeuge, Schiffe und Raketen verwendet. Typische Treibstoffe sind Benzin, Superbenzin, Diesel, Erdgas und Alkohol. Unser Schiffchen bewegt sich mit einem „Seifenantrieb" auf der Wasseroberfläche. Seife ist natürlich kein Treibstoff für ein Fahrzeug. Die Seife funktioniert nur in unserem Versuch mit einem superleichten Schiffchen auf einer Wasseroberfläche. Vom Boot treten Seifenteilchen ins Wasser über. Sie schieben die Wasserteilchen weg und durch diesen Schub wird das Boot angetrieben.

Versuch 10: Klebstoffe – Wasser- und Gummibärchenkleber

Geräte und Materialien: alte CD, 2 Wassergläser, Tüte Gummibärchen, Dosenbrenner, Maxiteelicht, Anzünder Trinkglas mit Wasser, Kaffeelöffel, Pinsel, 2 Plastik-Schraubverschlüse von Getränkeflaschen, Karton, Schere, Stahlwolle

Durchführung:

- Lege die CD so auf eine glatte Unterlage, dass die silbrige Abspielseite nach oben schaut.
- Tauche einen Finger in das Glas mit Wasser und bringe ein paar Tropfen an 3 verschiedenen Stellen auf die CD.
- Drehe die CD um und verreibe sie kurz auf der glatten Unterlage, damit sich der Wasserfilm gleichmäßig verteilt.
- Versuche dann, die CD von der Unterlage zu lösen. Du kannst auch einen Fingernagel am Mittelloch einhaken.
- Lege 2 Gummibärchen in die Kochmulde des Dosenbrenners. Gib dazu aus dem Glas mit Waser einen halben Kaffeelöffel mit Wasser.
- Lass dir vom Lehrer das Maxiteelicht entzünden. Stelle den Dosenbrenner darüber. Warte einige Minuten, bis die Gummibärchen wegschmelzen. Rühre dann mit dem Kaffeelöffel den zähen Brei in der Kochmulde kurz um. Dann kannst du die Flamme auspusten. Fasse den Dosenbrenner noch nicht an. Du musst immer warten, bis er erkaltet ist!
- Streiche mit dem Pinsel die Oberfläche einer Schraubkappe mit dem Gummibärchenkleber

ein und presse die andere Schraubkappe mit der glatten Seite dagegen. Schneide dir aus dem Karton 2 kleine Stücke ab und verklebe auch sie mit dem Gummibärchenkleber. Du musst ein bisschen warten, bis der Kleber erstarrt ist. Versuche dann die verklebten Teile voneinander zu lösen. Den Gummibärchenkleber löst du aus der Kochmulde unter fließendem Wasser durch Rubbeln mit der Stahlwolle.

Erklärung: Ein Wasserfilm hat zwischen 2 glatten Flächen eine erstaunliche Klebekraft. Sie beruht auf den physikalischen Phänomenen *Adhäsion* und *Kohäsion*. Die Adhäsion bezieht sich auf das Haften zwischen 2 Oberflächen, die Kohäsion auf die Kräfte innerhalb des Wasserfilms. Kontaktlinsenträger kennen das: Die feuchte Linse klebt am Finger, wenn man sie zum Auge führt. Auf dem Auge haftet sie durch den dünnen Tränenfilm zwischen Kontaktlinse und Hornhaut. Der Gummibärchenkleber hat eine enorme Klebekraft. Kinder schaffen es nicht, die Getränkeflaschen-Verschlüsse voneinander zu trennen und Erwachsene meist auch nicht. Das geht im Wesentlichen auf den hohen Kohlenhydrat-Anteil von ca. 77 % (davon ca. 45 % Zucker) und die enthaltene Gelatine von ca. 7 % zurück [9]. Ihr Gemisch sorgt für eine zähflüssige Schmelze ab ca. 60 °C, die beim Erstarren die starke Klebewirkung entfaltet. Den Kleber kann man auch in der Mikrowelle in einem Glas (1 min, niedrigste Stufe) erzeugen.

Versuch 11: Farbstoffe – Blauer Riese und blauer Zwerg im Suppenteller

Geräte und Materialien: Suppen- oder Essteller, Sonnenblumenöl, blaue Tinte (evtl. noch farbige Tinten), Esslöffel, Teelöffel, Trinkglas, Spiritus, Pipette

Durchführung:

- Fülle den Teller mit Sonnenblumenöl.
- Gib in ein Glas einen Esslöffel Spiritus und einen halben Teelöffel blaue Tinte (2 ml) und schwenke zum Mischen um.
- Tropfe auf den Mittelpunkt des Ölflecks mit der Pipette 5 -10 Tropfen Tintenlösung und warte, was passiert. Du kannst auch schnell hintereinander 5 Tropfen Tintenlösung an verschiedenen Stellen platzieren und das oft wiederholen, ohne das Öl zu erneuern. Hier sind der Fantasie keine Grenzen gesetzt. Mit farbiger Tinte wird alles noch viel schöner.

Hinweis für den Lehrer: Die beobachteten Phänomene sind die Folge reiner Verdunstungseffekte. Das lipophobe Lösungsmittel mit der Farbe mischt sich nicht mit dem Öl. Es breitet sich auf seiner Oberfläche zu einem dünnen Film aus. In ihm können Verdunstungsprozesse besonders gut stattfinden. Wenn der flüchtige Alkohol verdunstet, bleibt das im Lösungsmittel enthaltene Wasser mit dem darin gelösten Tintenfarbstoff zurück. Wenn sich die im Bild dargestellten Effekte nicht einstellen, dann sollte man ein anderes Pflanzenöl ausprobieren.
Und warum heißt das Experiment „blauer Riese“ und „blauer Zwerg? An ihrem „Lebensende“ blähen sich manche Sterne im Universum, wie bei uns im Suppenteller, zunächst zu „Roten Riesen“ auf, bevor sie dann zu „Weißen Zwergen“ zusammenfallen. Bei unserem Experiment ist der Suppenteller das Universum und der rote Riese ist blau. Der weiße Zwerg auch.

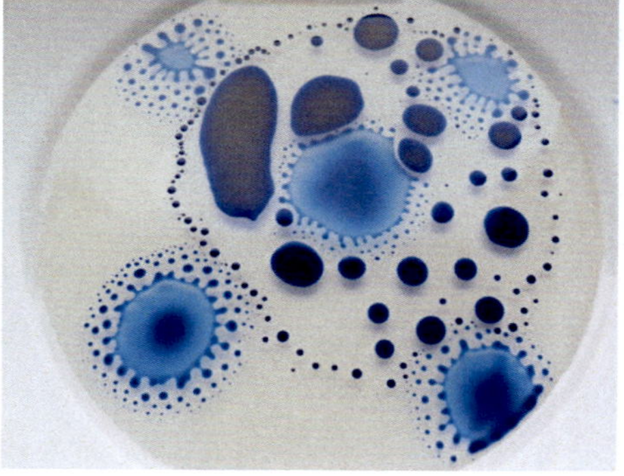
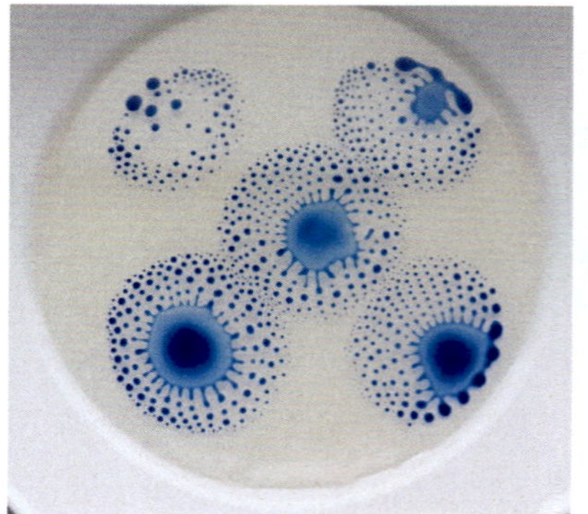

4.1.2 Und was ist eine Stoffänderung?

Hinweis: Es gibt kein Leben ohne die Aufnahme energieliefernder Nahrungsstoffe. Wenn wir Nahrung zu uns nehmen, beginnt sie sich schon beim Kauen im Mund zu verändern (siehe Versuch 1). Sie verändert sich weiter im Magen, im Darm und besonders in der Leber. So kann unser Körper zum Beispiel aus Zucker Fett und aus Fisch und Fleisch Muskelmasse machen. Was unser Körper nicht benötigt, das scheidet er aus und jedes Kind weiß, dass das, was aus uns herauskommt, ganz anders aussieht, als das was wir uns zugeführt haben. Tatsächlich sind aber alle Ausscheidungen Bestandteile der Nahrungsstoffe gewesen, die wir über den Mund aufgenommen haben. Ärzte nennen das Stoffwechsel und Chemiker sprechen von Stoffänderungen: Aus Ausgangsstoffen entstehen Endstoffe mit ganz neuen Eigenschaften.

Versuch 1: Stoffänderung schmecken – Verdauung beginnt im Mund

Geräte und Materialien: Weißbrot in Scheiben, Messer

Durchführung:

- Schneide von einer Scheibe Weißbrot die Rinde ab.
- Teile den Rest in zwei Portionen.
- Kaue das eine Stück, bis es soweit zerkleinert ist, dass du es bequem herunterschlucken kannst. Achte dabei auf den Geschmack.
- Kaue das zweite Stück etwa 3-5 Minuten lang, bis es süß zu schmecken beginnt.

Erklärung: Der Speichel im Mund enthält einen Stoff, der die Stärke im Brot in Zucker umwandeln kann. Das ist eine Stoffänderung, die du schmecken kannst: Aus dem Stoff Stärke wird ein neuer Stoff, nämlich Zucker. Solche Stoffänderungen sind chemische Vorgänge, von denen eine riesige Anzahl folgt, wenn du das Brot hinunterschluckst und seine Verdauung im Magen und Darm fortgesetzt wird.

Versuch 2: Schon das ist Chemie! Geheimtinte aus Zitronensaft

Geräte und Materialien: halbe Zitrone, Plastikbecher, Wattestäbchen oder Zahnstocher, Blatt Papier, Teelicht, Anzünder, evtl. Bügeleisen

Durchführung:

- Quetsche eine halbe Zitrone mit der Hand über dem Glas aus.
- Tauche ein Wattestäbchen oder einen Zahnstocher ein und schreibe damit auf ein Blatt Papier ein Wort. Trage den Zitronensaft nur dünn auf! Lasse trocknen.
- Nähere die Rückseite des Blattes von oben ganz vorsichtig einer Teelichtflamme bis auf ca. 5 cm Abstand. Das ist etwa die Länge deines kleinen Fingers. Achtung: Komme der Flamme nicht zu nahe! Wenn braune Brandflecken entstehen, bist du zu nah dran. Dann musst du den Abstand ein wenig vergrößern und wieder vorsichtig nach unten gehen. Wenn du siehst, wie sich die Geheimschrift entwickelt, ist der Abstand richtig. Einfacher wird das Anzeigen der Schrift, wenn man das Blatt mit dem heißen Bügeleisen bügelt.

Erklärung: Ist das auch Chemie, wenn sich die Geheimschrift entwickelt? Ja! Der Zitronensaft enthält Kohlenhydrat. Das ist der Stoff, aus dem vor allem Brot und Nudeln bestehen. Kohlenhydrate sind hitzeempfindlich. Das siehst du, wenn du ein Stück Brot toastest. Beim Erhitzen des Papiers verbrennen die Kohlenhydrate im Papier und färben sich braun. Das ist eine Stoffänderung der Kohlenhydrate, die man an der Farbveränderung erkennen kann.

Versuch 3: Aus einer Brausetablette und Wasser wird ein Gas

Geräte und Materialien: billige Brausetabletten vom Drogeriemerkt, flaches Trinkglas, Vinyl-Einmalhandschuhe, Natron, Zitronensäure, Kaffeelöffel

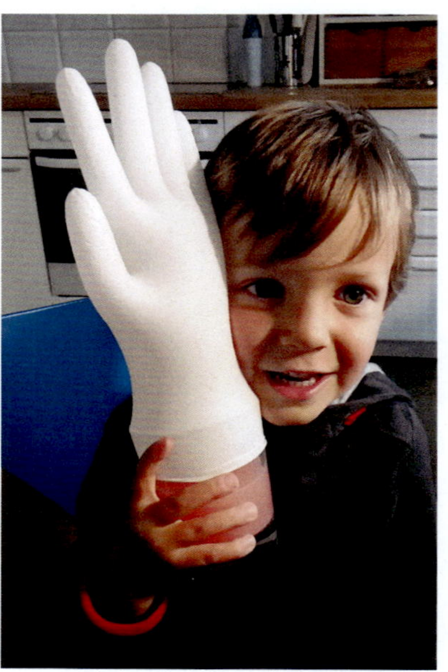

Durchführung I: Die Geisterhand über dem Trinkglas

- Fülle das Trinkglas zu einem Drittel mit Leitungswasser.
- Gib in einen Vinylhandschuh 2 Brausetabletten.
- Stülpe den Vinylhandschuh so über die Öffnung das Glases, dass ein luftdichter Verschluss zustande kommt.
- Hebe den schlaff herunterhängenden Handschuh so an, dass die Brausetabletten in das Wasser im Glas fallen und warte, bis der Handschuh prall mit Gas gefüllt ist und wie eine Geisterhand über dem Wasserglas steht.

Erklärung: Woher kommt die große Menge Gas, die den Vinylhandschuh fast zum Platzen bringt? Die Brausetablette ist ja viel zu klein, als dass sie so viel Gas speichern könnte. Übrigens: Das Gas heißt Kohlendioxid oder genauer Kohlenstoffdioxid. Alle Sprudelflaschen enthalten es. Auf dem Brausetabletten-Röhrchen kannst du nachlesen, dass die Stoffe Natriumhydrogencarbonat oder Natron und Zitronensäure enthalten sind. Beide sind als feste Pulver in der Tablette zusammengepresst und es passiert so lange nichts, bis sie mit Wasser in Berührung kommen. Dann fängt es an zu schäumen und die Brausetablette macht ihrem Namen alle Ehre. Unser Kohlendioxid-Speicher ist das Natriumhydrogencarbonat. Dort ist das Gas so gespeichert, dass es fast keinen Raum einnimmt, nicht gasförmig, sondern in Form eines Pulvers. Erst wenn die Säure in Wasser gelöst ist, kann sie Kohlendioxid-Gas aus dem pulverförmigen Speicher freisetzen. Wir zeigen das im 2. Teil des Experiments. Wenn aus dem Feststoff Natriumhydrogencarbonat der gasförmige Stoff Kohlendioxid entsteht, dann ist das natürlich eine Stoffänderung, also ein chemischer Vorgang.

Hinweis für den Lehrer: Man nimmt deshalb 2 Brausetabletten, weil sich erst einmal ein Teil des Kohlendioxids im Wasser löst, bis dieses mit CO_2 vollständig gesättigt ist. Erst dann kann das Gas in die Umgebung entweichen und den Handschuh füllen.

Durchführung II: Rauschen im Wasserglas

Hinweis: Natron kann man als *Kaiser Natron* günstig im Supermarkt kaufen. Natron ist auch der Hauptbestandteil des Backpulvers. Man braucht es zum Backen. Man nennt es auch „Backtriebmittel“, weil es den Kuchenteig im Backofen „aufgehen lässt“. Damit ist gemeint, dass es Gasblasen bildet, die sich in der Wärme ausdehnen und den zähflüssigen Teig vor dem Festwerden auseinandertreibt. In der Sprache der Chemie heißt der Küchenhelfer Natriumhydrogencarbonat. Man nimmt ihn auch, um Pfannkuchen aufzulockern oder beim Kochen von Obst und Gemüse und kann ihn sogar als Allzweckreiniger einsetzen. Mit Natron kann man sich auch eine Limonade (oder Brausepulver) selbst herstellen. Man braucht dazu nur noch Zucker und Zitronensäure. Natron ist vor allem für die Sprudelwirkung zuständig.

Das zeigt folgernder Zusatz-Versuch:

- Fülle das Glas halb voll mit Wasser.
- Gib einen halben Kaffeelöffel voll Natron zu und rühre um, bis alles gelöst ist. Jetzt hast du eine Lösung von Natriumhydrogencarbonat in Wasser. Das Auflösen ist keine Stoffänderung, auch wenn das weiße Pulver scheinbar verschwindet. Es ist noch da und der Stoff Natriumhydrogencarbonat bleibt erhalten. Das könntest du sehen, wenn du das Wasser wieder verdampfen lässt; dann kommt das Natron wieder unverändert zum Vorschein.
- Gib dann eine Kaffeelöffelspitze voll Zitronensäure zu und schwenke um. Du siehst, dass erst jetzt das „Brausen“ einsetzt, denn erst wenn die Zitronensäure gelöst ist, kann sie das Kohlendioxid freisetzen, das im Natron gespeichert ist.

Versuch 4: Kann es sein, dass ein Stoff ganz verschwindet?

Geräte und Materialien: Maxiteelicht, Anzünder, Reagenzgläser, Reagenzglas-Halter (z. B. Wäscheklammer), Hirschhornsalz oder besser: Ammonium(hydrogen)carbonat, Spatel

Hinweis für den Lehrer: Hirschhornsalz enthält hauptsächlich Ammoniumhydrogencarbonat, aber auch etwas Ammoniumcarbonat. Beide sind für unseren Versuch geeignet. Hirschhornsalz gibt es bei den Backtriebmitteln im Supermarkt, aber nicht immer (eher zur Weihnachtszeit). Früher wurde es tatsächlich aus zerkleinertem Hirschgeweih gewonnen. Heute benutzt man es zur Herstellung von Flachgebäck, z.B. in der Lebkuchenbäckerei. Für Schülerversuche ist es ratsam, das wesentlich billigere Ammoniumhydrogencarbonat oder das ebenfalls billige Ammoniumcarbonat im Lehrmittelhandel einzukaufen (für beide liegt der Kilo-Preis bei ca. 20 €).

Durchführung:

- Der Lehrer gibt dir ein Reagenzglas, in das er eine Spatelspitze Ammoniumcarbonat oder Ammoniumhydrogencarbonat gefüllt hat.
- Entzünde das Maxiteelicht (oder lasse es dir entzünden), klammere das Reagenzglas oben an der Öffnung ein und halte den Reagenzglas-Boden über die Spitze der Teelichtflamme. Halte ihn über die Flamme und nicht in die Flamme!
- Beim Erhitzen kannst du dir mit der freien Hand stechend riechendes Ammoniak-Gas von der Reagenzglas-Öffnung Richtung Nase fächeln.

Erklärung: Natürlich können sich Stoffe niemals in Nichts auflösen. Beim Erhitzen von Hirschhornsalz werden aus einem festen Stoff die gasförmigen Stoffe Wasserdampf (den siehst du an der Reagenzglas-Innenwand, weil er beim Abkühlen Tröpfchen bildet), Ammoniak (dieses Gas erzeugt den stechenden Geruch beim Erhitzen) und Kohlenstoffdioxid. Die Chemiker sagen dazu: Der Stoff verflüchtigt sich. Unter Verflüchtigung ist eine Stoffänderung gemeint, bei der ein Feststoff scheinbar ohne Rückstand verschwindet. Du weißt, dass Gase auch Stoffe sind und dass die Tatsache, dass wir sie nicht sehen können nicht heißt, dass sie verschwunden sind.

Versuch 5: Stoffänderungen in der Küche - Nahrungsstoffe in der Hitze

Geräte und Materialien: Dosenbrenner, Maxiteelicht (gute Qualität: mit Alubecher ist sie besser als mit Kunststoffbechern), Alufolie, Anzünder, 2 Kaffeelöffel, Messer, Haushaltszucker, rohe Eier, Bratfett (z.B. Palmin Kokosfett in kleine Stücke geschnitten), Arbeitshandschuhe für Kinder, rohe Eier (im Glas aufgeschlagen), Küchenrolle, Stahlwolle

Durchführung I: Zuckerfarbe für die Cola

- Stelle den Dosenbrenner auf den Arbeitstisch und daneben das Maxiteelicht. Der Lehrer kommt bei dir vorbei und entzündet das Teelicht. Du stellst den Dosenbrenner über das Teelicht.
- Gib wirklich nur eine kleine Kaffeelöffelspitze Zucker in die Kochmulde des Dosenbrenners.
- Der Zucker wird jetzt erhitzt. Warte bis er schmilzt und anfängt, braun zu werden. Das geht nur mit einer guten Teelichtflamme (der Docht muss lang sein; von Zeit zu Zeit muss etwas flüssiges Wachs auf Alufolie abgegossen werden). Dann ziehst du einen Arbeitshandschuh an, packst den Dosenbrenner und stellst ihn neben das Maxiteelicht.
- Wenn der Brenner ein bisschen abgekühlt ist, spülst du den karamellisierten Zucker unter laufendem Wasser aus der Kochmulde des Dosenbrenners. Du kannst das Reinigen mit Stahlwolle verbessern. Trockne ihn mit Küchenpapier ab, dann ist er wieder einsetzbar.

Durchführung II: Aus Eiklar wird erstarrtes Eiweiß

- Lege die Kochmulde mit Alufolie aus und setze den Dosenbrenner auf das brennende Teelicht. Der Lehrer gibt dir einen halben Kaffeelöffel vom rohen Ei in die Kochmulde.
- Jetzt darfst du das Ei backen. Wenn das Eiklar ganz erstarrt ist und schon einen dunklen Rand bekommt, nimmst du den Dosenbrenner wieder mit dem Arbeitshandschuh (!) vom Teelicht. Nach dem Abkühlen kommt die Alufolie samt gebackenem Ei zum Abfall.

Durchführung III: Fett in der Hitze

- Lege nochmals die Kochmulde mit Alufolie aus. Setzte den Dosenbrenner auf das Teelicht.
- Jetzt holst du dir ein kleines Stück von dem Kokosfett und legst es in die Kochmulde.
- Erkennst du den grundsätzlichen Unterschied zum Erhitzen von Zucker und Eiweiß? Das Fett schmilzt nur, aber es verändert sich nicht. In der Hitze entsteht kein neuer Stoff. Du siehst das, wenn du die Teelichtflamme unter dem Dosenbrenner ausbläst. Das flüssige Fett erstarrt. Es sieht genauso aus wie vorher. Das Schmelzen von Fett ist vergleichbar

mit dem Schmelzen von Eis. Die festen Stoffe Fett und Eis werden nur flüssig, aber auch im flüssigen Zustand bleibt Eis Eis und Fett bleibt Fett!

Hinweis und Erklärung: Bei diesem Experiment kommen die drei Grundnahrungsstoffe auf den Prüfstand: Fette, Kohlenhydrate und Eiweiß (Proteine). Interessant ist der Vergleich beim Verhalten in der Hitze: Bei dem Kohlenhydrat Zucker und dem Eiweiß aus dem Hühnerei finden erkennbare Stoffänderungen statt, bei Fett nicht. Ja, auch das Gerinnen von Eiweiß beim Spiegeleierbacken ist ein chemischer Vorgang. Das Eiweiß verändert sich und man kann das erstarrte Eiweiß niemals mehr in flüssiges Eiklar zurückverwandeln. Der Zucker schmilzt bei ganz vorsichtigem Erhitzen zunächst zu einer farblosen Flüssigkeit, die schnell eine gelbliche Farbe annimmt. Man spricht von „Bonbonzucker". Bei weiterem Erhitzen wird er zunehmend bräunlicher und schließlich ganz schwarz. Die Phase bis zur Gelbbraunfärbung nennt man Karamellisierung (*Karamell [franz.]: gebrannter Zucker*). Karamell bildet sich unter Wasserabspaltung. Er wird zur Herstellung von Bonbons und Puddings verwendet. Die schwarzbraune Masse, die bei weiterem Erhitzen entsteht, nennt man Zuckerkulör. Man kann sie mit Wasser herauslösen. Zuckerkulör besitzt einen leicht bitteren Geschmack. Es ist als Lebensmittelfarbstoff zugelassen und wird vor allem zur Färbung von Cola-Getränken, Malz- und Altbier, Likör, Essig und Fleischsoßen eingesetzt. Zuckerkulör trägt die Farbstoffbezeichnung E 150.

Versuch 6: Unappetitlicher Obstsalat – Chemie kann's verhindern

Hinweis: Das kennst du bestimmt: Am Sonntag gibt's nach einem tollen Essen zum Nachtisch einen frischen Obstsalat. Da sind Äpfel drin, blaue Trauben und vielleicht auch Erdbeeren, Heidelbeeren, Pfirsich und Banane. Natürlich hat Mama schon alles vorgerichtet. Ärgerlich: Bis der Obstsalat auf den Tisch kommt, haben sich die Apfelstücke braun gefärbt, als wären sie schon etliche Tage alt. Die Bildung der braunen Verfärbung ist eine Stoffänderung, die man mit etwas Chemie (wieder eine Stoffänderung!) leicht verhindern kann.

Geräte und Materialien: 4 Untertellerchen, halber geschälter Apfel, Messer, Küchenreibe, großer Teller, 2 Trinkgläser, halbe Zitrone, Kaffeelöffel

Durchführung:

- Du bekommst vom Lehrer einen halben geschälten Apfel. Den zerreibst du mit der Küchenreibe auf dem großen Teller zu feinem Apfelmus.
- Wenn du etwa eine Portion von 2 Kaffeelöffeln hast, gibst du sie auf das erste Untertellerchen und lässt sie stehen (im Bild auf Seite 36 oben: rechtes Tellerchen).
- Stelle die gleiche Portion Apfelmus nochmals her und gib sie auf das zweite Tellerchen.
- Träufele durch Ausquetschen den Saft der Zitrone auf das Apfelmus im zweiten Unterteller.
- Warte und vergleiche beide Apfelmus-Portionen.

Erklärung: Braunfärbungen von frisch geschnittenen Äpfeln kommen daher, weil beim Durchschneiden oder Reiben Zellen und Zellorganellen zerstört werden, deren Inhalte sich vermischen und bestimmte Enzyme freisetzen. Bei Anwesenheit von Sauerstoff kommt es dann zu einer enzymatischen Oxidation, bei der der dunkelbraune Stoff Melanin entsteht. Dieses Farbpigment kommt auch in den Sommersprossen und in der Haut dunkelhäutiger Menschen vor. Die Verfärbung beim Apfel ist also eine Oxidationsreaktion in Anwesenheit von Sauerstoff. Vitamin C (ist auch reichlich in der Zitrone vorhanden) verhindert die Oxidationsreaktion auf der Apfeloberfläche und damit auch die Braunfärbung. Deshalb spricht man auch von einer antioxidativen Wirkung. Vitamin C ist als Antioxidans mit einer ausgeprägten Schutzwirkung für den menschlichen Organismus bekannt. Auch in der Küche wird der Schutzeffekt genutzt. So wird, wie in unserem Versuch zu sehen, bei der Zubereitung von Obstsalat gerne noch etwas Zitronensaft zugeträufelt, um die unappetitliche Braunfärbung zu verhindern.

Hinweis für den Schüler: Die Braunfärbung von Apfelmus ist ein chemischer Vorgang, der auf einer Stoffänderung beruht. Dabei spielt die Luft und der darin enthaltene Sauerstoff eine wichtige Rolle. Die Zitrone enthält Vitamin C, das beim Ausquetschen auf den Apfel gelangt und den chemischen Angriff des Luftsauerstoffs unterbindet. Also: Mit Chemie gegen Chemie! Übrigens: Der braune Farbstoff auf dem Apfelmus heißt „Melamin". Er kommt auch in Sommersprossen und in der Haut dunkelhäutiger Menschen vor.

Versuch 7: Schönes, rot glänzendes Kupfer durch Stoffänderung

Geräte und Materialien: Plastik-Schnapsbecher transparent 50 ml, Esslöffel, Teelöffel, langer Eisennagel, Schmirgelpapier, Kupfersulfat

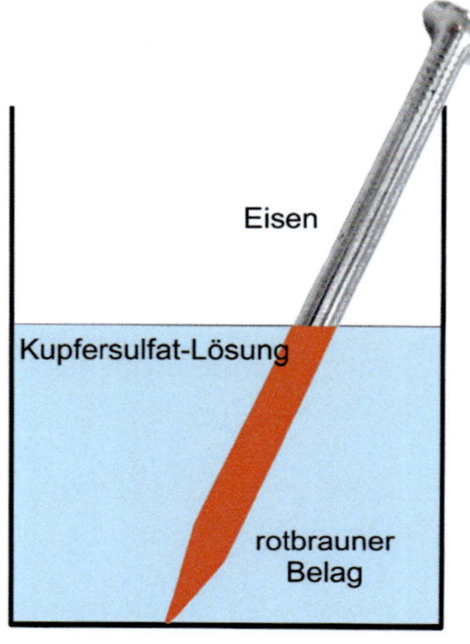

Durchführung:

- Schmirgele erst einmal den Eisennagel schön blank.
- Fülle den Plastikbecher mit 4 Esslöffel Wasser und löse darin unter Rühren 2 Teelöffel Kupfersulfat.
- Stelle einen Eisennagel in die Lösung und warte 2 Minuten. Nimm ihn dann heraus und staune.

Erklärung: Der rote Belag auf dem Eisennagel ist reines metallisches Kupfer. Es entsteht durch eine Stoffänderung aus dem blauen, kristallinen Kupfersulfat. Aus blauen Kristallen wird rotes Kupfermetall, das ist Stoffänderung und das ist Chemie!

Versuch 8: Farbige Ringe

Geräte und Materialien: Rundfilter (Filterpapier Ø = ca. 8 - 10 cm), Esslöffel, Trinkglas mit breiter Öffnung, Kaffeelöffel, Suppenteller, alte Zeitung, gelbes Blutlaugensalz, Kupfersulfat-Lösung im Plastikbecher 0,1 L (1 Messerspitze Kupfersulfat + 4 Esslöffel Wasser), Soda-Lösung im Plastikbecher 0,1 L (2 Messerspitzen Soda + 2 Kaffeelöffel Wasser), (Soda = Natriumcarbonat), Plastikbecher mit Kochsalz-Lösung, Plastikbecher mit Wasser, 4 Plastikpipetten

Durchführung:

Vorbereitende Arbeiten: Der Lehrer imprägniert eine entsprechende Anzahl von Filterpapieren Tage vorher mit einer Lösung des gelben Blutlaugensalzes. Dazu füllt er einen Suppenteller mit Wasser und löst darin 2 Kaffeelöffel gelbes Blutlaugensalz. In diese Lösung werden nacheinander die Filterpapiere eingetaucht. Man lässt sie abtropfen und legt sie zum Trocknen auf altes Zeitungspapier. Die Kupfersulfat-Lösung, die Soda-Lösung, die Kochsalz-Lösung und der Becher mit Wasser müssen auch in entsprechender Anzahl bereitgestellt werden. In jedem Becher befindet sich eine Plastikpipette, die nicht vertauscht werden darf.

- Der Lehrer verteilt die imprägnierten Filterpapiere und die Becher mit den Lösungen an die Schülergruppen.

Anweisung an die Schüler:

- Lege das Filterpapier mittig auf die Öffnung des Trinkglases und drücke es in der Mitte ein bisschen nach unten (es soll in der Mitte eher ein „kleines Tal" als einen „Berg" besitzen).
- Tropfe in die Mitte des Filterpapiers schnell hintereinander 5 Tropfen Kupfersulfat-Lösung.
- Nachdem die Lösung vom Papier aufgesaugt ist (es dürfen keine Pfützen mehr zu sehen sein), tropfst du in die Mitte 3 Tropfen Soda-Lösung.
- Nach dem Einziehen gibst du in folgender Reihenfolge weitere Flüssigkeitstropfen in die Papiermitte: 3 Tropfen Kochsalz-Lösung, 3 Tropfen Soda-Lösung, 3 Tropfen Wasser.
- Jetzt kannst du wieder von vorn anfangen. Das Ganze kann mehrfach wiederholt werden.

Versuch 9: Tinte aus Tee und zweimal Stoffänderung

Geräte und Materialien: 3 Plastikbecher, Kaffeelöffel, Esslöffel, Kupfersulfat, feine Stahlwolle, Teebeutel schwarzer Tee, warmes Wasser aus der Leitung, feiner Pinsel, Blatt Papier

Durchführung

- Fülle den Plastikbecher halb voll mit warmem Wasser aus der Leitung. Hänge einen Teebeutel hinein. Lasse 10 Minuten ziehen.
- Gib dann in den zweiten Plastikbecher zwei Esslöffel voll Wasser, einen halben Teelöffel voll Kupfersulfat und einen kleinen Bausch Stahlwolle. Wenn du kräftig umschwenkst, dann siehst du, dass sich die blaue Lösung allmählich entfärbt und die Stahlwolle einen Rotschimmer bekommt. Das ist metallisches Kupfer, das sich auf der Stahlwolle niederschlägt (so wie auf dem Nagel bei Versuch 7, Seite 36) und das ist die erste Stoffänderung bei diesem Versuch. Schwenke um bis die Lösung vollkommen farblos ist.
- Nimm den Teebeutel aus dem Wasser und gib 2 Esslöffel vom Tee in den dritten Plastikbecher. Gieße die Lösung aus dem zweiten Becher dazu.
- Die Stoffe im Tee bilden mit dem Eisensulfat, das durch Umwandlung von Kupfersulfat entstanden ist, eine schwarz-blaue Tinte. Das ist die zweite Stoffänderung. Tauche einen feinen Pinsel ein und schreibe auf ein Blatt einen Text.

Erklärung: Jetzt passiert genau das, was du vorher mit dem Eisennagel und Kupfersulfat erlebt hast. Das Kupfer scheidet sich statt auf dem Eisennagel auf der Eisenwolle (= Stahlwolle) ab. Du kannst den rötlichen Belag sehen und du erkennst auch, dass die blaue Färbung der Kupfersulfat-Lösung verschwindet und eine farblose Lösung entsteht.

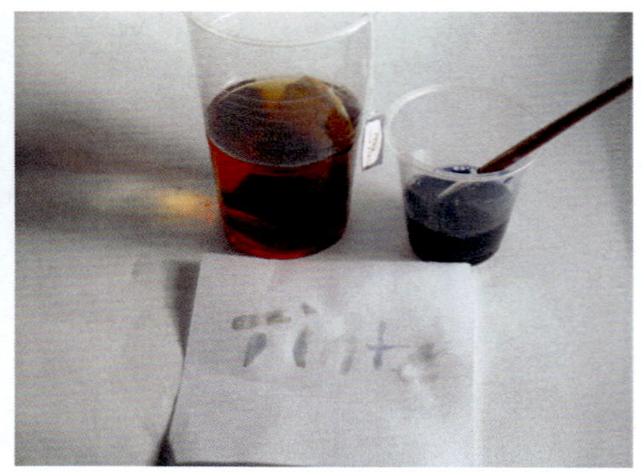

Versuch 10: Wir lassen Farbstoffe einfach verschwinden

Geräte und Materialien: 3 Plastikbecher transparent 0,2 cl, blaue Tinte, rote Götterspeise, Früchtetee im Beutel, Textilentfärber vom Drogeriemarkt

Durchführung:

- Fülle drei Plastikbecher mit Wasser.
- Gib zum ersten einen Tropfen Tinte und zum zweiten so viele Körnchen rote Götterspeise, dass die Lösung deutlich rot gefärbt ist.
- In den dritten hängst du einen Beutel Früchtetee.
- Gib zu jedem Becher eine Teelöffel-Spitze Textilentfärber und schwenke um.

Hinweis und Erklärung: Rote Götterspeise enthält die synthetischen Lebensmittelfarbstoffe Chinolingelb (E 104) und Azorubin (E 122). Azorubin ist als Lebensmittelfarbstoff zugelassen, gilt aber als bedenklich, weil er möglicherweise die Aktivität und Aufmerksamkeit von Kindern beeinflussen kann. Beim Bleichen werden Verfärbungen chemisch zerstört. Meist geschieht dies durch Oxidation. Es geht aber auch durch Reduktion, wie hier mit einem reduktiven Bleichmittel. Der Wirkstoff ist Dithionit (meist Natriumdithionit: $Na_2S_2O_4$). Die Inhaltsstoffe von Tinten werden von den Herstellern in der Regel als Geheimnis gehütet. Der Hersteller von Pelikan verrät lediglich, dass in „Königsblau“ Triphenylmethan-Farbstoffe enthalten sind.

Versuch 11: Eine Lösung - vier Farben - und viermal Stoffänderung

Geräte und Materialien: Wasserkocher, Rotkohl, kleiner Kochtopf, 2 x 500 ml-Bechergläser (Gläser), Schere, transparente kleine Trinkbecher (50 - 60 ml), Spatel, Waschsoda (vom Drogeriemarkt), (Essigessenz (ca. 100 ml in einem Glas abgefüllt vorhalten), Eisen(III)chlorid, Kaffeelöffel

Durchführung:

Lehrervorbereitung: Der Lehrer zerschneidet 2 Blatt vom Rotkohl in kleine Stücke über dem kleinen Kochtopf und übergießt sie mit einem halben Liter kochendem Wasser aus dem Wasserkocher. Der Ansatz sollte ca. 1 Stunde stehen (oder er wird am Vortag angesetzt). Danach wird die Brühe abgegossen. Vor der Verteilung an die Schüler wird noch verdünnt. Dazu werden 100 ml Rotkohl-Brühe im 500 ml-Becherglas auf 500 ml mit Leitungswasser aufgefüllt. Es sollte dann eine nicht zu intensiv gefärbte, durchscheinend blaue Lösung entstehen.

- Mit dieser Lösung füllt sich der Schüler einen Plastikbecher und stellt ihn auf seinen Tisch.
- Daneben stellt er in eine Reihe 3 weitere leere 50 ml Plastikbecher.
- In den ersten leeren Becher gibt er eine Spatelspitze (!) (keinen ganzen Spatel voll) Waschsoda, in den zweiten einen Kaffeelöffel Essigessenz (aus dem Vorratsglas schöpfen) und in den dritten einige wenige Körnchen Eisen(III)chlorid mit dem Spatel.
- Der Versuch kann jetzt beginnen: Der Schüler schüttet die blaue Ausgangslösung in den 2. Becher und schwenkt/rührt (mit dem Kaffeelöffel) um. Dann schüttet er alles in den Becher 3 und dann in den Becher 4. Dazwischen wird immer umgeschwenkt/umgerührt. Die eintretenden Farbänderungen sind im Bild auf Seite 38 unten zu sehen.

Erklärung: Die natürlichen Farbstoffe, die aus dem Rotkohlblatt extrahiert werden, gehören zur Gruppe der Anthocyane. Sie können als Säure-Base-Indikatoren dienen, da sie in Abhängigkeit vom pH-Wert die Farbe wechseln. Im basischen Bereich erscheinen sie blau (Leitungswasser ist meist ganz schwach basisch) und grün (Soda reagiert in Wasser schwach basisch) und im sauren (Essigessenz) rot. Man braucht hier einen kleinen Säureüberschuss, da zunächst die alkalisch wirkende Soda neutralisiert werden muss (das erkennt man auch an der Entstehung von Gasbläschen!). Jede Farbänderung ist eine Stoffänderung, die durch Reaktion der pH-typischen H_3O^+- oder OH^--Ionen mit Anthocyan-Molekülen zustande kommt. Mit Fe^{3+}-Ionen bilden die Anthocyane aus dem Rotkohlextrakt einen blau-violetten Farbkomplex.

Versuch 12: Aus alt wird neu - Münzen reinigen

Geräte und Materialien: Kleines Trinkglas (kleiner Becher), Glas mit Wasser, Kaffeelöffel, Esslöffel, Tafelessig, schwarzbraun angelaufene 2- oder 5-Cent-Stücke, Salz, Küchenpapier

Durchführung:

- Gib in den Becher 1 Kaffeelöffel Salz und 3 Esslöffel Essig.
- Rühre mit dem Kaffeelöffel um, bis alles Salz gelöst ist.
- Werfe einige schwarz angelaufene Kupfermünzen hinein und warte einige Minuten.
- Wenn sie ganz blank sind, nimmst du sie mit den Fingern heraus, schwenkst sie noch im Wasserglas und reibst sie mit Küchenpapier trocken. Weg sind die Verbrauchsspuren!

Erklärung: Warum werden Kupfermünzen schwarz? Weil sie ganz langsam mit dem Sauerstoff in der Luft reagieren und einen hauchdünnen Belag von schwarzem Kupferoxid bilden. Das ist eine Stoffänderung! Diese hauchdünne „Kruste“ wird durch den Essig weggelöst und darunter kommt wieder das blanke Kupfer zum Vorschein. Das Salz unterstützt den Lösungsvorgang. Auch das Auflösen der Oxidschicht ist ein chemischer Vorgang.

5. Stoffe und Energie (3/4)

Versuch 1: Stoffe unterscheiden nach elektrischer Leitfähigkeit

Vorbereitende Arbeiten: Bau von Lowcost-Leitfähigkeitsprüfern durch den Lehrer

Geräte und Materialien: LED 5 mm weiß (z.B. 3,22 – 3,33 V, 20 mA; Electronic-Handel; 0,70 €), Lüsterklemmen (1,5 – 6,0 mm²), Zwillingsleitung „Isolierte Litze 2 x 0,75 weiß“ (Baumarkt: 1 m = 0,39 €), 2 lange Kanülen (0,8 x 120 mm), 2 Kabel mit Krokodilklemmen beidseitig (Electronic-Handel), 9V-Batterieblock, Stromprüfer, Heißklebepistole, Schere

Durchführung:

- Ein Stück Litzenkabel von ca. 30 cm Länge wird an beiden Enden abisoliert. Danach wird das Zwillingskabel in 2 Einzelkabel geteilt.
- Verschrauben Sie die beiden „Beine“ der LED in zwei benachbarten Kabeleingängen einer 3 poligen Lüsterklemme (links und Mitte, von oben).
- Verschrauben Sie die Kanülen-Spitzen an den Eingängen Mitte und rechts an der Lüsterklemme von unten. Die grünen Luer-Ansätze bilden das untere Ende.
- Verkleben Sie die beiden Luer-Ansätze mit einem Tropfen Heißkleber.
- Schließen Sie die 30 cm-Einzellitzen an den noch unbesetzten Eingängen der Lüsterklemme links unten und rechts oben an.
- Das Gerät ist jetzt nach Batterie-Anschluss über die Krokodilklemmen zur Messung bereit.

Versuchsdurchführung für den Schüler

Geräte und Materialien: Leitfähigkeitsprüfer, verschiedenste Materialien aus Metall, Glas, Kunststoff, Holz, Gummi; mit dem Leitfähigkeitsprüfer kann sogar die Leitfähigkeit von Wasser, Salzwasser, Zuckerwasser und Essig getestet werden.

Durchführung:

- Schließe mit den Krokodilklemmenkabel den Leitfähigkeitsprüfer an der Batterie an.
- Der Test auf elektrische Leitfähigkeit geht so, dass du mit den Prüfmaterialien die beiden Metallstäbchen (die Kanülen) so berührst, dass eine Verbindung entsteht. Wenn die Diode leuchtet, dann schließt ein Stoff den Stromkreis, d. h., dass er elektrisch leitfähig ist.

Versuch 2: Moderne Methoden zur Stromerzeugung - Brennstoffzelle

Hinweis: Die Energieversorgung der Zukunft setzt auf die Gewinnung von Elektrizität aus Wasserkraft oder Solar- und Windenergie. Das Auto der Zukunft soll durch Strom (Elektroauto) oder mit Brennstoffzellen angetrieben werden. Die Brennstoffzelle erzeugt auch Strom. Sie verbrennt dabei Wasserstoff und Sauerstoff, ganz ohne Flamme, und als einziger Abfallstoff entsteht Wasser. Da gibt es keine Luftverschmutzung mehr. Bei unserem Versuch wird Wasserstoff und Sauerstoff mit einem 9 V-Block an zwei Edelstahl-Topfreibern erzeugt. An dem Topfreiber, der an den Pluspol der Batterie angeschlossen wird, entsteht Wasserstoff und an dem am Minuspol Sauerstoff. Die Topfreiber sind unsere Gastanks. Ihre vielen Metallfäden haben eine große Oberfläche, an denen sich ganz viele Gasbläschen anlagern können. Wenn sie aufgeladen sind, ersetzen wir die Batterie durch einen Elektromotor mit Propeller. Der Propeller dreht sich, weil die Gase in den Tanks jetzt Strom erzeugen. Er dreht sich, bis die „Tanks" leer sind. Um sie wieder aufzufüllen, wird der Propeller wieder durch die Batterie ersetzt.

Geräte und Materialien: Plastikschale, 2 Edelstahl-Topfreiber, 2 Kabel mit Krokodilklemmen, evtl. 2 Kabel mit Bananenstecker, 9 V-Batterieblock, Natriumsulfat (Glaubersalz), Kaffeelöffel, Becher, Kleinelektromotor (mit Propeller z.B. „SUSE 4.16"; Fertiggerät 16 €)

Durchführung:

- Fülle den Becher mit Wasser und löse einen Kaffeelöffel Natriumsulfat darin. Gieße die Lösung in die Plastikschale.
- Lege die beiden Topfreiber so in die Schale, dass sie sich in der Mitte nicht berühren und zu ca. drei Vierteln in die Flüssigkeit eintauchen. Wenn das nicht der Fall ist, musst du noch etwas Wasser nachfüllen.
- Verbinde die Topfreiber über die Krokodilklemmenkabel mit dem 9 V-Block. Du siehst jetzt an den Topfreibern Gasbläschen aufsteigen (Wasserstoff am Minuspol und Sauerstoff am Pluspol).
- Warte einige Minuten. Klemme dann anstelle der Batterie den Kleinelektromotor an die Krokodilklemmen (evtl. noch Bananenstecker-Kabel dazwischen). Wenn er zur Ruhe kommt, musst du die Topfreiber-Tanks auf die beschriebene Weise erst wieder laden.

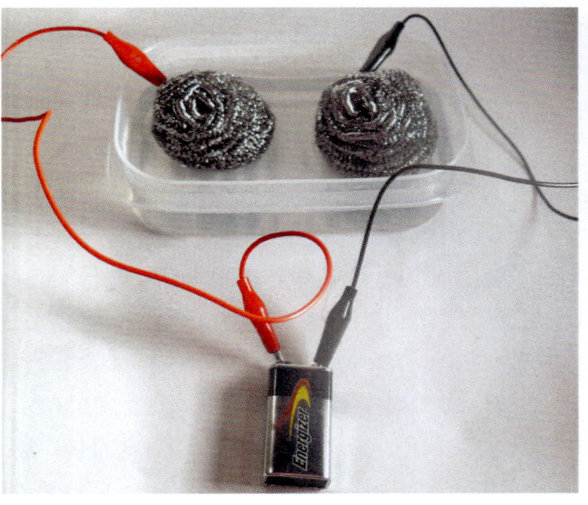

Versuch 3: Feuer, Verbrennung, Voraussetzungen für den Verbrennungsvorgang

Hinweis: Ein Brand kommt immer nur dann zustande, wenn drei Voraussetzungen gegeben sind: Es muss ein brennbarer Stoff vorhanden sein (Brennstoff), es braucht die Anwesenheit von Luft (Sauerstoff) und eine Zündquelle, die die erforderliche Entzündungstemperatur liefert. Diese drei Faktoren werden im so genannten Branddreieck (Abbildung rechts) dargestellt. Wir wollen diese drei Bedingungen für Brände, Feuer und Verbrennungen in Experimenten genauer untersuchen.

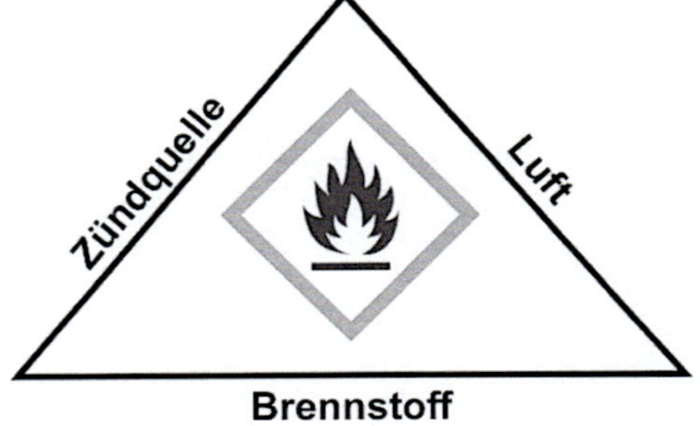

Geräte und Materialien: 2 Teelichter, 2 Gläser unterschiedlicher Größe (z.B. Marmeladen- und Gurkenglas oder Trinkgläser verschiedener Größe), Gasfeuerzeug, leerer Teelichtbecher, Teller, Spiritus, Esslöffel, Glas mit Wasser, Plastikpipette

Durchführung:

- Stelle die 2 Teelichter nebeneinander und entzünde sie. Stülpe dann gleichzeitig Gläser unterschiedlicher Größe über die Teelichter, stelle sie auf der Unterlage ab und vergleiche die Zeiten bis die Teelichter ausgehen.
- Stelle einen leeren Teelichtbecher auf den Teller und lass dir vom Lehrer etwas Spiritus hineinfüllen. Nähere die Flamme des Gasfeuerzeuges dem Spiritus im Becher. Wenn's gut brennt, deckst du den Teelichtbecher mit einem Esslöffel ab.
- Stelle das Glas mit Wasser neben den Teller und stelle die Plastikpipette hinein. Entzünde den Spiritus noch einmal und spritze mit der Pipette Wasser zum brennenden Alkohol im Becher.

Erklärung: Wenn die Kerze unter einer verschlossenen „Haube" brennt, ist der Luftsauerstoff irgendwann verbraucht. Ist die Haube größer, steht mehr Luftsauerstoff zur Verfügung. Die Kerze brennt länger. Alkoholbrände kann man mit Wasser löschen. Bei Fettbränden ist das streng verboten. Das Wasser hat beim Alkohol keine direkte Löschwirkung. Es kühlt ihn aber bis unter die Entzündungstemperatur ab. Deshalb geht die Flamme aus.

Versuch 4: Brandschutz – Löschmethoden

Aus dem Verbrennungsdreieck ergeben sich drei Methoden, wie man einen Brand löschen kann: 1) die Luft entziehen, 2) den Brand kühlen, 3) den Brennstoff entziehen. Bei unserem nächsten Versuch führt der gute Wärmeleiter Kupfer die Wärme aus der Flamme ab, bis schließlich die Entzündungstemperatur unterschritten wird. Beim letzten Versuch wird mit Kohlenstoffdioxid gelöscht. Wir haben das schon beim Versuch 4 auf den Seiten 24 und 25 kennengelernt. Beim Schaumlöscher wird das Gas in den Blasen des Schaumes eingeschlossen. Da Kohlendioxid schwerer ist als Luft, deckt es den Brandherd ab und verdrängt dabei den leichteren Luftsauerstoff, der dann den Brand nicht mehr versorgen kann.

Geräte und Materialien: Teelicht, Kupferdraht (vielleicht von einem abisolierten Elektrokabel) dünner Bleistift, Anzünder, Tiegelzange (oder Pinzette)

Durchführung I: Flammen löschen durch Wärmeentzug

Vorbereitende Arbeiten: Der Lehrer stellt die Kupferdrahtspiralen zur Verfügung. Er wickelt den Kupferdraht um einen Bleistift (ca. 10 Windungen) und lässt noch einem langen Griff.

- Entzünde die Kerze und senke die Kupferspirale an der Tiegelzange über die Flamme.

- Spiele mit der Absenktiefe. Lass die Flamme auch mal ganz in der Spirale verschwinden. Du musst zum Halten der Kupferspirale die Zange oder Pinzette nehmen, denn das Kupfer kann in der Flamme sehr heiß werden.

Durchführung II: Bau eines Schaumlöschers

Geräte und Materialien: Teelicht, Anzünder, Kaffeelöffel, kleines Schüsselchen, Trinkbecher, 250 ml Spritzflasche mit abgeschnittener Spritzdüse, Trichter, Natron (Natriumhydrogencarbonat = $NaHCO_3$), Citronensäure (z.B. von Heitmann zur Entkalkung aus dem Drogeriemarkt), Spülmittel

Durchführung:

- Schraube den Verschluss von der Spritzflasche und setze den Trichter in den Flaschenhals ein.
- Fülle über den Trichter einen Kaffeelöffel voll Natron (Natriumhydrogencarbonat), einen Kaffeelöffel voll Citronensäure und zwei Kaffeelöffel voll Spülmittel in die Flasche.
- Nimm dann den Trichter weg und schraube den Flaschenverschluss mit dem abgewinkeltem Spritzrohr wieder auf.
- Fülle den Trinkbecher mit Wasser.
- Entzünde das Teelicht und stelle es in das Schüsselchen.
- Jetzt muss es schnell gehen: Presse die Spritzflasche mit beiden Händen zusammen, behalte den Druck bei und tauche das vordere Stück des Spritzrohrs ins Wasser im Trinkbecher. Sauge Wasser in die Spritzflasche indem du den Druck wegnimmst. Warte dabei, bis die Spritzflasche wieder die alte Form hat und schüttle den Flascheninhalt kräftig um.
- Schon sprudelt dein Schaumlöscher! Halte das Spritzrohr über das Schüsselchen und warte bis der Löschschaum die Flamme erstickt hat. Übrigens: Das Löschmittel ist nicht nur der Schaum. Die Blasen des Schaums sind gefüllt mit Kohlendioxid-Gas und das kann Flammen auch ersticken. Das Gas entsteht sich aus Natron und Citronensäure, wenn sich beide in Wasser lösen. Es treibt auch den Schaum aus der Flasche durch das Spritzrohr.

6. Luft, Wasser, Wetter (1/2)

Versuch 1: Luft bremst, beschleunigt und bewegt Gegenstände

Geräte und Materialien: 2 DIN A4-Blätter, Lineal, Schere, 2 Büroklammern, Föhn, CD, Stift, Tesafilm, Stuhl, Alufolie, Faden, Teelicht, Anzünder, dünner und dicker Trinkhalm, Knete, Stuhl

Durchführung:

- Miss mit dem Lineal vom oberen Rand des DIN-A4-Blattes 5 cm ab und mache dort einen Strich (1). Falte das Papier an dieser Stelle waagrecht. Achte dabei darauf, dass die Papierkanten des gefalteten Streifens genau mit den seitlichen Längskanten des nicht gefalteten Papiers zur Deckung kommen. Nur dann bekommst du einen geraden Falz. Wenn du jetzt den Falz mit 2 Fingernägeln einer Hand mehrfach scharf nachziehst (2), kannst du den Streifen ohne Benutzung einer Schere durch vorsichtiges Anreißen abtrennen. Stelle dir noch einen zweiten Papierstreifen mit denselben Maßen her.

- Falte den Papierstreifen in der Mitte quer (3) und teile die eine Hälfte in der Mitte (Augenmaß) mit der Schere der Länge nach in 2 gleiche Hälften (4) (der Einschnitt geht bis zum Querfalz).

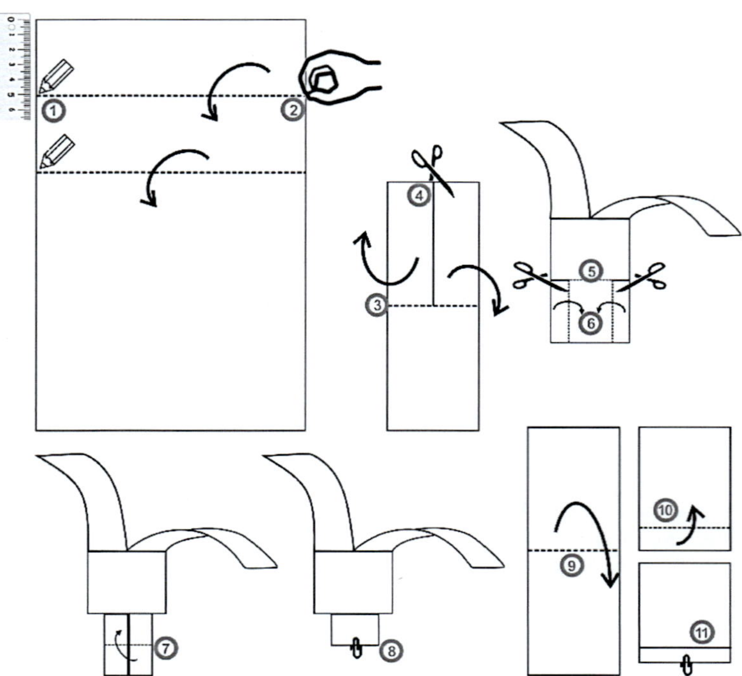

- Halbiere jetzt den unteren Papierabschnitt durch waagrechtes Falten in der Mitte (5). Mache an der Faltkante von beiden Seiten mit der Schere einen gleich langen Einschnitt.
- Falte die beiden Seitenstreifen am Einschnitt nach innen (6). Halbiere dann den ganzen Abschnitt durch Querfalten in der Mitte und klappe nach oben um (7). Fixiere den hochgefalteten Abschnitt mit der Büroklammer (8). Dies ist der „Hubschrauber“ für deine Flugversuche.
- Den zweiten Papierstreifen faltest du in der Mitte, klappst die obere Hälfte nach unten (9) und faltest dann einen kleinen Abschnitt von unten nach oben (10), den du mit einer Büroklammer fixierst (11). Dies ist dein „Vergleichs-Hubschrauber“ ohne Flügel, der genauso schwer ist wie der mit Flügeln. Falze die Flügel so nach, dass sie in einer Ebene stehen.
- Fasse mit jeder Hand einen „Hubschrauber“ an der Büroklammer und wirf beide gleichzeitig hoch in die Luft. Welcher landet zuerst auf dem Boden und warum?
- Lege auf das Blatt Papier eine CD und fahre mit dem Stift ihre Umrisse nach. So erhältst du einen Kreis mit 12 cm Durchmesser. Zeichne noch einen zweiten Kreis mit der CD als Vorlage und markiere die Kreismittelpunkte.
- Schneide beide Kreise aus und mache bei jedem einen Einschnitt bis zum Kreismittelpunkt.
- Lasse am Einschnitt das Papier überlappen, so dass ein Kegel mit Spitze entsteht (siehe Abbildung rechts) und klebe das Papier dort fest, wo es sich überdeckt.
- Steige auf den Stuhl und halte die Papierkegel mit ausgestreckten Armen nach oben. Halte sie so übereinander, dass ein Abstand von ca. 10 cm entsteht. Lasse die beiden Kegel gleichzeitig los. Beobachte, welcher Kegel schneller fällt. Holt der eine den anderen ein? Wenn der obere Kegel den unteren nicht bis zum Boden einholt, muss der Abstand am Start etwas verringert werden.
- Wiederhole das Experiment mit den Fallkegeln. Bitte dazu einen Partner, den Föhn so zu halten, dass ein Windstrahl vom Fußboden senkrecht nach oben gerichtet ist. Lasse die beiden Fallkegel gegen den Wind fallen.
- Schneide dir aus Alufolie Spiralen und kleine Propeller aus. Befestige sie an einem Faden.
- Halte sie dann über ein Teelicht oder evtl. über eine heiße Herdplatte.
- Jetzt bauen wir noch eine kleine Luftrakete: Schneide dazu vom dicken Trinkhalm ein 10 cm-Stück ab und verstopfe ein Ende mit etwas Knete.

- Schiebe es auf den dünnen Halm und blase am anderen Ende hinein. Pass auf, dass deine Rakete beim Schießen nicht auf Personen gerichtet ist!

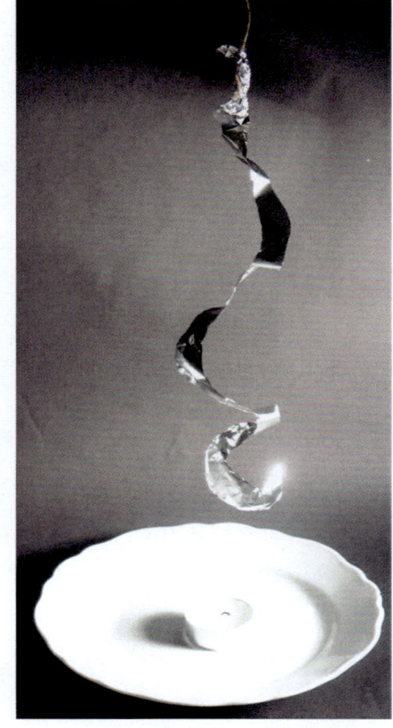

Erklärung: Bei den Fallkegeln holt der obere immer den unteren bis zum Boden ein. Das liegt daran, dass der obere im „Windschatten" des vorderen fällt. Das ist wie beim Rad- oder Formel-1-Autorennen. Der vordere wird also durch die Luft stärker abgebremst als der hintere. Die Aluspirale dreht sich, weil die warme Luft über der Teelichtflamme sich ausdehnt. Sie wird dabei dünner und steigt nach oben. Dabei strömt unten kältere Luft aus der Umgebung nach. Auch sie wird erwärmt und dadurch wird ein anhaltender Luftstrom erzeugt, so wie man ihn über einer Herdplatte oder über einem Heizkörper spürt. Die Mobiles aus Alufolie bewegen sich in den „warmen Winden". Sie sind ein Beispiel dafür, wie man Wärme in Bewegungsenergie umwandeln kann. Alle Raketen verbrennen Treibstoffe, unsere Luftrakete nicht. Bei einer echten Rakete sorgen die aus der Schubdüse nach hinten blitzschnell ausströmenden Gase dafür, dass die Rakete nach vorn getrieben wird. Bei unserer Rakete sorgt die durch Ausatemluft erzeugte Druckwelle für den Schub.

Versuch 2: Luft verdrängt Wasser – Gummibärchen auf Tauchstation

Geräte und Materialien: 1 Plastikbecher transparent 0,2 cl, 1 Plastikbecher transparent mit Loch im Boden (vorher vom Lehrer präpariert: Nagel in die Teelichtflamme halten und Boden des Trinkbechers durchstoßen, Loch etwas weiten), etwas größere Plastikschüssel, Trinkhalm, Teelichtbecher (Teelicht am Docht aus dem Becher ziehen), 2 Gummibärchen

Durchführung:

- Fülle die Schüssel halb voll mit Wasser.
- Lege den Trinkbecher ins Wasser, lass ihn volllaufen und stelle ihn auf den Kopf.
- Blase mit dem Trinkhalm Luft von unten in den Becher, bis das Wasser ganz verdrängt ist. Halte ihn dabei mit der anderen Hand unter Wasser.
- Wiederhole das letzte Experiment mit dem Trinkbecher, der ein Loch im Boden hat.
- Setze den Teelichtbecher ins Wasser und lege 2 Gummibärchen hinein. Diese gehen jetzt auf Tauchstation, ohne nass zu werden: Stülpe dazu den Becher ohne Loch über das „Gummibärchen-Boot" und drücke ihn ins Wasser bis er den Schüsselboden berührt. Jetzt kannst du Fahrstuhl spielen und den Becher hochziehen und runterdrücken.
- Wiederhole das letzte Experiment mit dem Becher mit dem Loch am Boden. Nimm den Becher nochmals ganz aus dem Wasser. Stülpe ihn nochmals über das „Gummibärchen-Boot" und halte dabei mit einem Finger das Loch am Boden zu. Wenn die Gummibärchen am Boden angekommen sind, darfst du das Loch ein bisschen öffnen und gleich wieder schließen. So kannst du ein bisschen mit der Tauchtiefe der Gummibärchen spielen!

Versuch 3: Luftverschmutzung – Ruß und Feinstaub

(nach https://www.umwelt-im-unterricht.de/medien/dateien/experiment-wie-sauber-ist-die-luft-in-unserer-umgebung/) [11]

Geräte und Materialien: Marmelade- oder Gurkengläser ohne Deckel, durchsichtiger Klebestreifen (z.B. Tesafilm), Klebeband, Lupe, Schere, weißes DIN-A4-Blatt, wasserfester Stift

Durchführung:

- Lege über die Öffnung des Glases einen Klebestreifen mit der klebrigen Seite nach oben. Vorsicht: Berühre ihn dabei nicht mit den Fingern auf der klebrigen Seite!
- Klebe den Streifen an beiden Seiten mit Klebeband fest. Du kannst dir für eine breiter angelegte Untersuchung der Luft in deiner Umgebung mehrere solcher Gläser herstellen.
- Stelle die Gläser an verschiedenen Plätzen auf: auf den Schulhof, an einer stark befahrenen Straße, in einem Park etc. Schreibe auf die Gläser die Namen der Plätze. Achtung: Suche die Plätze so aus, dass die Gläser weder stören noch entfernt werden können.
- Sammele deine Gläser nach einer Woche wieder ein.
- Schaue die Klebestreifen mit der Lupe gut an: Welche Unterschiede stellst du fest? An welchen Klebestreifen haften besonders viele dunkle Körnchen? Welche Klebestreifen sind noch ganz sauber?
- Klebe die Klebestreifen nebeneinander auf ein weißes DIN-A4-Blatt. Schreibe die Plätze dazu, an denen sie standen.
- Vergleiche nun die Klebestreifen miteinander: An welchen Orten sind die Klebestreifen sehr dunkel geworden? An welchen Orten sind sie eher hell geblieben?

7. Licht, Wasser, Wetter (3/4)

Versuch 1: Wassereigenschaften: Wasser als Lösungsmittel

Geräte und Materialien: 2 dünnwandige Kunststoff-Trinkflaschen (0,33 L oder 0,5 L) mit Verschluss, Brausetabletten, Würfelzucker Untertasse, Tintenpatrone, evtl. Alufolie, Trinkbecher mit Wasser, weißer flacher Teller

Durchführung:

- Fülle die Trinkflasche mit möglichst kaltem Leitungswasser (Wasser vor dem Einfüllen längere Zeit laufen lassen!) halb voll.
- In die andere Trinkflasche gibst du so viel Wasser, dass der Boden gerade bedeckt ist. Werfe 2 Brausetabletten hinein (du musst sie vorher zerbrechen). Warte bis das Rauschen ziemlich abgeklungen ist.
- Setze die Flasche mit den Brausetabletten so auf die Flasche mit dem kalten Leitungswasser, dass sich ihr Inhalt vollständig in diese entleert (also Schraubverschluss auf Schraubverschluss). Halte sie 2 Minuten in dieser Position.

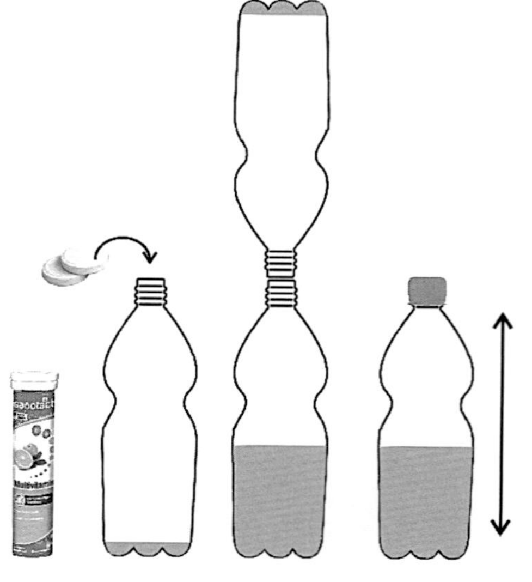

- Nimm sie dann weg, verschließe die Flasche mit dem Leitungswasser fest mit dem Schraubverschluss und schüttele kräftig. Staune über das, was passiert!
- Dass sich zwei wichtige Stoffe aus unserer Küche, Zucker und Salz, in Wasser gut lösen, weiß eigentlich jedes Kind. Das müssen wir im Versuch nicht beweisen. Viel interessanter ist es, den Lösungsvorgang einmal ganz genau zu beobachten. Dazu legst du ein Stück Würfelzucker auf eine Untertasse und träufelst aus der Tintenpatrone 2 – 4 Tropfen Tinte darauf. Lasse den Würfelzucker jetzt 10 Minuten trocknen (vielleicht kannst du ihn auf einem Stück Alufolie auf einen Heizkörper legen).
- Gieße aus dem Trinkbecher so viel Wasser in den weißen Teller, dass dieser mit einer dünnen Schicht bedeckt ist. Lege den gefärbten Zuckerwürfel in die Mitte des Tellers und beobachte längere Zeit. Die Ausbreitung der Tinte zeigt sehr schön an (oft in sehr interessanten, strahlenförmigen Mustern), wie sich der Zucker in Wasser löst.

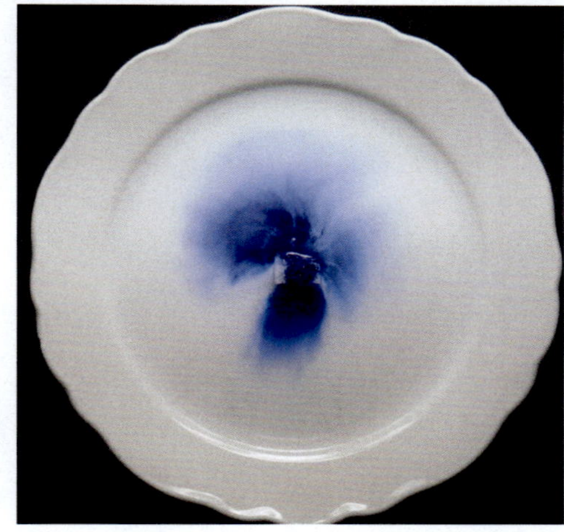

Erklärung: Im ersten Teil des Versuchs erlebst du die Umkehrung des Vorganges, den du beobachtest, wenn du eine Mineralwasserflasche mit Kohlensäure schüttelst und öffnest. Kohlenstoffdioxid-Gas, das sich beim Auflösen der Brausetablette bildet, löst sich im Wasser und erzeugt einen so starken Unterdruck, dass die verschlossene Flasche total deformiert wird. Je wärmer das Wasser, umso schlechter die Löslichkeit. In 1 Liter Wasser kann man ca. 1 Liter Kohlendioxid lösen. Ebenso kann man in 20 °C warmem Wasser 359 Gramm Salz und sagenhafte 1970 Gramm Zucker lösen.

Versuch 2: Zustandsformen des Wassers
Wie kommt das Wasser in die Wolke und wie entsteht Blitzeis?

Geräte und Materialien: Trinkglas mit etwas Wasser, Frischhaltefolie, Gummiring, flacher Teller, Plastikpipette

Vorbereitung: Der Lehrer legt eine entsprechende Anzahl von Tellern am besten am Tag vor dem Versuch ins Tiefkühlfach.

Durchführung:

- Ziehe die Frischhaltefolie möglichst glatt über das Glas und fixiere sie mit einem Gummi am Glas. Stelle das Glas draußen in die Sonne. Je nach Temperatur dauert es nicht lange, bis sich die Folie innen beschlägt und sich kleine Wassertropfen bilden. Wenn du dann vorsichtig auf die Folie klopfst, verbinden sich kleine Wassertropfen zu größeren und es beginnt zu regnen.
- Du bekommst einen tiefgekühlten Teller. Stelle daneben das Trinkglas mit Wasser und lasse aus der Plastikpipette einige Tropfen Wasser weit verteilt auf den Teller fallen. Es dürfen wirklich nur einzelne Tropfen sein! Halte den Teller dann senkrecht, um besser zu sehen, wie die flüssigen Tropfen beim Wegfließen zu dünnen Eisfilmen erstarren (siehe dazu auch Versuch 2, Seite 21/22).

Hinweis: Die Verdunstung des Wassers wird durch die Wärme der Sonne beschleunigt. Der Wasserdampf steigt in die Luft auf, und da immer wieder neuer Wasserdampf nachfolgt, passt irgendwann kein Wasserdampf mehr in die Luft. Der Wasserdampf wird deswegen an der Folie wieder flüssig. Wenn die Wassertropfen größer und schwerer werden, fallen sie wieder herunter. Das ist bei der Regenwolke auch so. Im 2. Teil des Experiments erlebst du das, was Autofahrer im Winter ganz besonders fürchten: Blitzeis. Es bildet sich innerhalb von Minuten, wenn der Boden gefroren ist (der Boden entspricht deinem Teller) und Regen darauf fällt.

Alle Experimente zeigen dir, dass es sich bei Wasserdampf, flüssigem Wasser und Eis immer um den gleichen Stoff handelt, nämlich um Wasser. Das siehst du auch daran, dass sich alle drei einfach durch Änderung der Außentemperatur ineinander umwandeln lassen. Die Bildung von Wasserdampf oder Eis aus Wasser ist also keine Stoffänderung. Was sich ändert, ist der Zustand des Wassers. Man nennt das den „Aggregatzustand“. Wasser kann, wie fast jeder Stoff, in drei Zuständen (Aggregatzuständen) vorkommen: fest – flüssig – gasförmig. Und weil Wasser für uns und das Leben auf der Erde ein ganz besonderer Stoff ist, hat man dem festen Wasser einen eigenen Namen gegeben: Eis! Das gibt es bei keinem anderen Stoff.

Versuch 3: Der natürliche Wasserkreislauf – Ein Modellexperiment

Dieses Experiment ist besonders gut als experimentelle Hausaufgabe geeignet!

Geräte und Materialien: große Schüssel, kleine Schale, Salz, Teelöffel, Frischhaltefolie, Murmel

Durchführung:

- Gieße etwas Wasser in die große Schüssel.
- Gib einen Teelöffel Salz dazu und rühre um.
- Stelle die kleine Schale in die Mitte der großen Schüssel.
- Decke die große Schüssel mit einer Frischhaltefolie ab und lege eine Murmel darauf.
- Stelle die Schüssel in die Sonne (oder ersatzweise unter eine Schreibtischlampe).
- Wenn sich in der kleinen Schale etwas Wasser angesammelt hat, darfst du mal daran schmecken. Und? Schmeckt‘s noch salzig?

Hinweis: So gewinnt man auch aus Meerwasser Trinkwasser: Man lässt in einer Halle mit vielen Glasfenstern (eine Art Wintergarten) Meerwasser durch Sonnenwärme verdunsten und fängt es an kälteren Stellen wieder auf. Eine künstliche Lichtquelle kann das auch. Die Sonne trägt dazu bei, dass das Wasser auf den Weltmeeren im großen Stil verdampft. Der Wasserdampf steigt in die Luft und kühlt sich dabei so weit ab, dass wieder Wassertröpfchen entstehen, die wir als Wolken sehen. Wenn der Wind die Wolken aufs Festland weht und sich die Wolken dort so verdichten, dass sie sich ausregnen, landet das Wasser in Bächen und Flüssen und von dort wieder im Meer. Jetzt ist der Kreislauf geschlossen. In unserem Experiment bildet der aus dem Salzwasser aufsteigende Wasserdampf an der kühleren Folie Wassertröpfchen. Diese sammeln sich zu größeren Tröpfchen. Dafür sorgt die Murmel. Sie bündelt die Tröpfchen zur Mitte hin. Dort fallen sie in die Schale und liefern salzfreies, destilliertes Wasser.

Versuch 4: Wasserverschmutzung durch Waschmittel

Auch dieses Experiment kann vom Schüler als experimentelle Hausaufgabe erledigt werden oder man setzt es in der Schule als „Langzeit-Experiment“ an.

Geräte und Materialien: 2 Untertellerchen, Messer, 3 Plastikbecher, Esslöffel, Rührstab, 1 ml-Plastikpipette, wasserfester Filzstift, flüssiges Color-Waschmittel (z.B. Persil®-Color-Gel), 2 Schalen Gartenkresse

- Löse die Kresse-Pflanzen mit dem Nährboden aus der Verpackung und teile die Stücke mit dem Messer in zwei Teile. Du hast jetzt 4 Teile.
- Lege jeweils eine Hälfte in eine von 3 Schalen (es bleibt 1 Hälfte übrig).
- Beschrifte die Schalen mit den Begriffen „Blindprobe“, „Handwäsche“ und „Überdosierung“.
- Gib in jeden der drei Plastikbecher 5 Esslöffel voll Wasser und beschrifte sie auch mit „Bildprobe“, „Handwäsche“ und „Überdosierung“.
- Zum Becher mit der Aufschrift „Blindprobe“ kommt nichts hinzu. In den Becher mit der Aufschrift „Handwäsche“ gibst du aus der Plastikpipette 8 Tropfen vom flüssigen Color-Waschmittel und in den mit der Aufschrift „Überdosierung“ 24 Tropfen (also die dreifache Menge von der „Handwäsche“).
- Gieße die drei Kresse-Hälften mit dem entsprechenden Wasser aus den Trinkbechern nach folgender Anleitung: Kresse „Blindprobe“ + Wasser Blindprobe; Kresse „Handwäsche“ + Wasser „Handwäsche“; Kresse „Überdosierung“ + Wasser „Überdosierung“
- Stelle die Schalen auf eine Fensterbank. Werte das Experiment nach ca. 1 Woche aus. Vergleiche dabei die Entwicklung der Kresse der Waschmittelansätze mit der Blindprobe.

Durchführung:

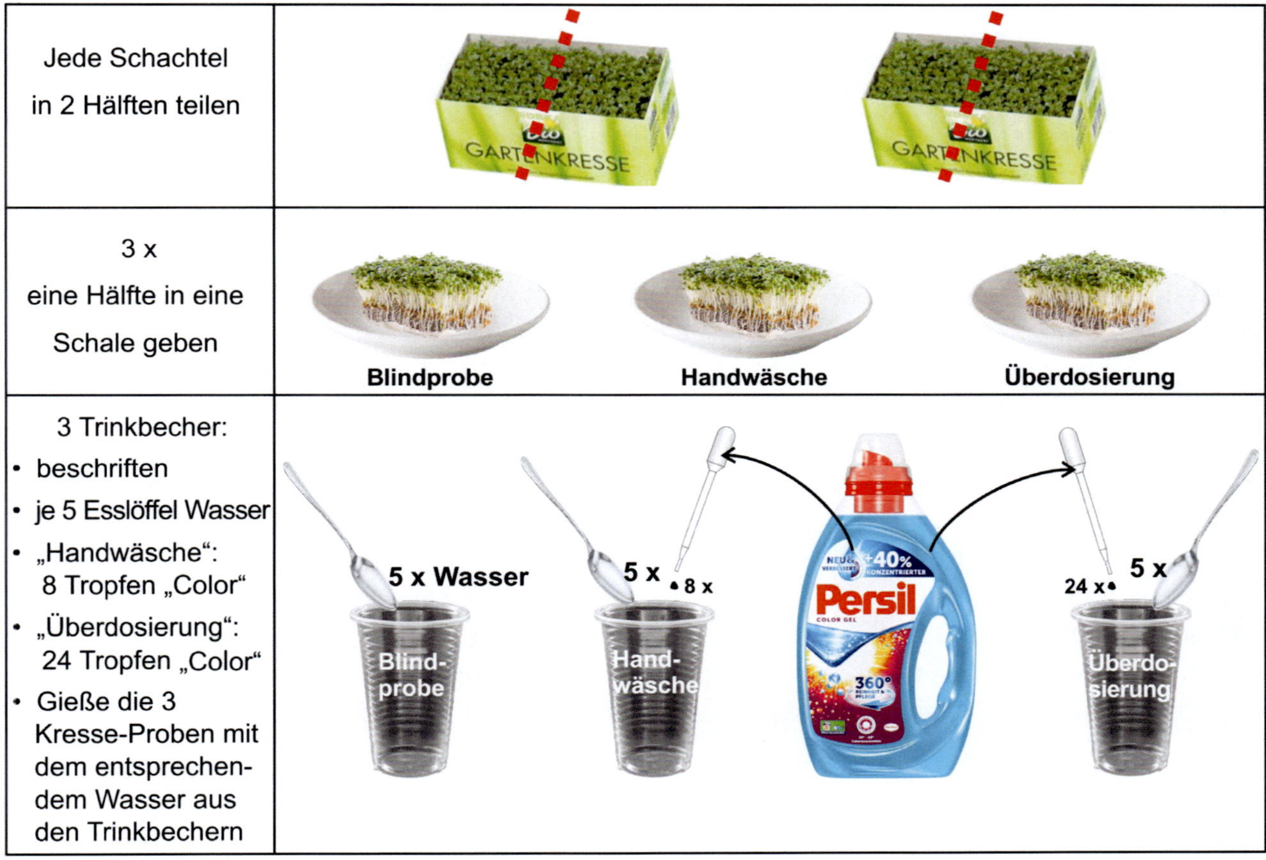

Hinweis: Die Blindprobe zeigt, wie die Kresse unter normalen Bedingungen wächst. Im Schälchen „Handwäsche“ entspricht die Dosierung der Waschmittelkonzentration in einem normalen Waschgang für Handwäsche. Im Schälchen „Überdosierung“ wird sie deutlich überschritten. Beide Konzentrationen würden direkt in der Natur Schaden verursachen. Um dies zu verhindern, muss das Haushaltswaschwasser in der Kläranlage gereinigt werden. Da die Waschmittelbestandteile in der Kläranlage nicht in unbegrenzten Mengen abgebaut werden können, ist es sinnvoll, sich an die empfohlene Dosierung des Waschmittels zu halten.

Der Zauber der Chemie: Eine kleine Chemie-Show für die Grundschule

In der öffentlichen Diskussion begegnet einem die Chemie oft mit einem hässlichen Gesicht, weil man ihr gern Luftverschmutzung und Umweltzerstörung in die Schuhe schiebt. Und was nicht „Bio" und deshalb gut ist, das ist Chemie, und deshalb giftig und schädlich. Die schönen Seiten der Chemie kennen viele Menschen nicht, auch weil der Chemieunterricht dieses Bild nicht vermittelt. Sie verlassen die Schule und manche sind zeitlebens „Chemie geschädigt".

Ich halte es für legitim, ja sogar für wünschenswert, sich der Chemie einmal von einer affektiven Seite zu nähern. Lassen wir doch die Kinder erst einmal staunen und wecken wir ihre Neugierde, bevor wir sie mit chemischen Theorien traktieren. Da zitiert man doch gerne mal den alten Einstein mit seinen berühmten Sätzen: „Ich habe keine besondere Begabung, sondern bin nur leidenschaftlich neugierig" und „Phantasie ist wichtiger als Wissen". Gerade das Fach Chemie kann wie kein anderes schulisches Fach in die „Trickkiste" greifen und Menschen verzaubern. Das hat in der Chemie sogar eine uralte Tradition, wenn wir an die Gaukler auf mittelalterlichen Jahrmärkten und an die Goldmacher-Träume der Alchemisten denken.

Nun könnte man ja glauben, dass solche Zaubereien nur den Meistern der Chemie vorbehalten bleiben können und dass sich für einen Zauberlehrling, der Kinder in Kindergärten und Grundschulen zum Staunen bringen will, chemische Demonstrations-Experimente aus theoretischen und praktischen Gründen verbieten. Ich will versuchen, diese Skepsis mit Worten und Taten zu widerlegen, damit auch Sie sich trauen!

Was Sie auf den folgenden Seiten lesen, braucht keine professionelle chemische Ausbildung oder kein Chemiestudium. Die Experimente sind so ausgewählt, dass sich jeder Grund- und Mittelschullehrer, der seine verständlichen Berührungsängste erst einmal überwunden hat, in dieses Abenteuer stürzen kann. Im Angebot sind 17 Experimente, aus denen Sie sich eine kleine Auswahl für besondere Momente in Ihrer Klasse, für Schulfeste oder Tage der offenen Tür zusammenstellen können. Die allermeisten Versuche sind so harmlos, dass auch Schüler assistieren oder zu Protagonisten werden können. Sie können das mit etwas Vorbereitung als Show inszenieren, bei der es Schlag auf Schlag geht, und wenn Sie das mit den passenden Licht- und Soundeffekten kombinieren, kann das die Wirkung enorm steigern. Die vorbereitenden Arbeiten sind im Text ausgewiesen. Sie können Stunden oder Tage vor der Show erledigt werden. Das Experiment „Silbermacher" mit dem Verspiegeln eines Reagenzglases sollten Sie ohne Schüler-Beteiligung durchführen. Den in der Literatur bekannten Schauversuch „Eine Lösung – 5 Farben" habe ich quasi „entgiftet" und in eine sehr harmlose, aber nicht weniger effektvolle Form überführt. Das Hauptreagenz ist jetzt der unglaublich wandelbare Rotkohlsaft. Dazu braucht es noch, bis auf die Natronlauge beim letzten Umschütten, ein paar harmlose Krümelchen Substanz. Das fluoreszierende Hühnerei ist ein echter „Hingucker" und beim „Blauen Wunder" kann das bisschen Natronlauge keinen Schaden anrichten, weil es sich in einer verschlossenen Flasche befindet. Entsorgen kann man das mit viel Wasser im Ausguss.

Die Projektions-Versuche auf dem Overheadprojektor können die Chemie von einer ganz emotionalen, ja geradezu ästhetischen Seite zeigen. Die Bilder, die sich von selber malen, führen oft zu kleinen Kunstwerken, bei denen es schwerfällt, sie im Ausguss zu zerstören. Es braucht etwas Equipment, aber eine Dokumentenkamera und ein Beamer gehören heute für viele Schulen zur Standardausstattung und der gute alte Overheadprojektor ist in der Regel auch noch nicht auf dem Müll gelandet. Und wenn Sie ihn noch mit einem starken Leuchtmittel ausstatten, kann es sein, dass er eine Renaissance erlebt. Diese Projektions-Experimente leben von der Größe der Abbildung: Je größer, umso eindrucksvoller! Wählen Sie also einen großen Abstand zur Leinwand und sorgen Sie dafür, dass es sackdunkel ist. Solche Projektions-Experimente können die Chemie in einem „völlig neuen Licht erscheinen lassen" [12]. Ich habe es immer genossen, wenn beim Publikum aus Distanz emotionale Nähe wird.

Die Show beginnt

Versuch 1: Bunte Schrift aus dem Nichts - „Was ist eigentlich Chemie?“

Geräte und Materialien: 2 kleine Plastiktrinkbecher, Plastiktrinkbecher 250 ml, Spatel, Esslöffel, dünner Pinsel, gelbes Blutlaugensalz, Eisen(III)chlorid, Ammoniumthiocyanat, Speiseessig, Sprayflasche (z. B. geleerte und gereinigte Haarsprayflasche vom Discounter), Schnur, 3 Blatt DIN A4-Papier (oder noch besser DIN A3-Papier; man kann dafür auch die Rückseite einer alten Tapetenrolle nehmen), evtl. 2 Stative, 6 Wäscheklammern

Durchführung:

Vorbereitende Arbeiten (am Tag vor der Aufführung):

- Geben Sie in einen kleinen Trinkbecher zwei Spatel gelbes Blutlaugensalz und ein Esslöffel Wasser. Schwenken Sie um, bis alles gelöst ist.
- Lösen Sie in dem zweiten Trinkbecher 1 Spatelspitze Ammoniumthiocyanat in 1 Esslöffel Wasser.
- Geben Sie in den großen Trinkbecher 1 Spatel mit Eisen(III)chlorid, füllen Sie mit Wasser auf, geben Sie einen kleinen Spritzer Essig zu und rühren Sie mit dem sauberen Esslöffel um, bis alles gelöst ist. Füllen Sie diese Lösung in die Sprayflasche und verschließen Sie diese.
- Legen Sie 3 Blatt Papier nebeneinander, tauchen Sie den Pinsel in die Lösung vom gelben Blutlaugensalz (Becher 1) und schreiben Sie auf das 1. Blatt das Wort „Was“. Reinigen Sie den Pinsel mit Wasser und schreiben Sie auf das 2. Blatt mit der Ammoniumthiocyanat-Lösung das Wort „ist“. Beim Wort „Chemie“ auf dem 3. Blatt schreiben Sie den 1., 3. und 5. Buchstaben sowie das Fragezeichen mit der Lösung aus Becher 1 und, nach Zwischenreinigung, den 2., 4. und 6. Buchstaben mit der Lösung aus Becher 2. Ein Auftrag genügt.
- Lassen Sie die Schrift bis zum nächsten Tag trocknen. Spannen Sie eine Schnur zwischen 2 Stativen (oder anderen Gegenständen, z.B. Kartenständer) und hängen Sie daran jedes Blatt mit je 2 Wäscheklammern auf.

Vorführung:

- Sprayen Sie aus größerer Entfernung die Eisen(III)chlorid-Lösung auf die Blätter Papier. Achten Sie darauf, dass die aufgesprayte Lösung nicht in Tropfen herunterläuft!

Erklärung: siehe Versuch 13, Seite 60; die Entstehung der bunten Schrift ist bereits Chemie; sie ist ein schönes Beispiel dafür, womit sich Chemie beschäftigt, nämlich mit Stoffänderungen.

Versuch 2: Die Geisterhand

Geräte und Materialien: billige Brausetabletten vom Drogeriemerkt, 2 flache Trinkgläser, Vinyl-Einmalhandschuhe

Durchführung:

Vorbereitende Arbeiten:

- Füllen Sie zwei oder mehr Trinkgläser zu einem Drittel mit Leitungswasser und stellen sie sie nebeneinander auf den Arbeitstisch.
- Geben Sie in eine entsprechende Zahl von Vinylhandschuhen je 2 Brausetabletten.

- Stülpen Sie die Einschlupf-Öffnungen der Vinylhandschuhe so über die Gläseröffnungen, dass ein luftdichter Verschluss zustande kommt.

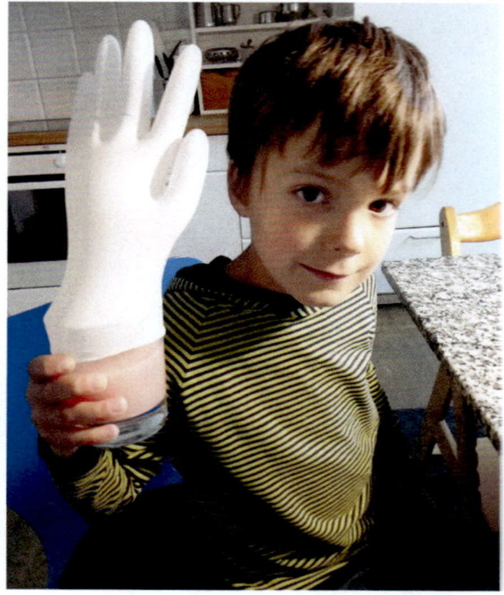

Vorführung:

- Heben Sie die schlaff herunterhängenden Handschuhe gleichzeitig so an, dass die Brausetabletten jeweils in das Wasser im Glas fallen und warten Sie, bis die Handschuhe prall mit Gas gefüllt sind und wie Geisterhände über dem Wasserglas stehen.
- Bei einer Vorführung in der Klasse genügen 2 Ansätze. Richtig magisch wird dieses Experiment, wenn mehrere Ansätze parallel nebeneinander gefahren werden. Dazu braucht es Assistenz von Schülern oder Kollegen oder man macht es allein, aber schnell hintereinander.

Hinweise zur Erklärung: siehe Seite 32

Versuch 3: Lutschtabletten verwandeln sich in ein Hundehäufchen

Geräte und Materialien: Emser Pastillen (vom Drogeriemarkt; nicht die zuckerfreien, sondern die mit Menthol), alter Teller, Sand, Plastikpipette, Spiritus, Glas (Becher), Gasfeuerzeug

Durchführung:

Vorbereitende Arbeiten:

- Schütten Sie ein Häufchen Sand in den Teller und formen Sie daraus einen flachen Kegel.
- Stecken Sie in die Kegelspitze 3 Emser Pastillen so, dass sie sich gegenseitig berühren.

Vorführung

- Schütten Sie Spiritus in den Becher. Entnehmen Sie 5 Pipetten voll Alkohol und träufeln sie ihn auf die Pastillen und den Sand. Entzünden Sie dann den Alkohol an der Kegelspitze.

Erklärung: Wenn man die Lutschtablette vorher und nachher (schwarze Wurst) vergleicht, dann wird die Stoffänderung sehr deutlich. Der schwarze Rückstand ist Zuckerkohle, die aus der Zersetzung des Zuckers in den Pastillen entsteht. Das Aufblähen kommt durch die Zersetzung von Natron in der Hitze zustande. Sie liefert das „Treibgas“ Kohlenstoffdioxid.

Versuch 4: Der Kupfermacher

Geräte und Chemikalien: Plastik-Schnapsbecher 50 ml, Esslöffel, Teelöffel, möglichst großer Eisennagel, Schmirgelpapier, Kupfersulfat

Durchführung:

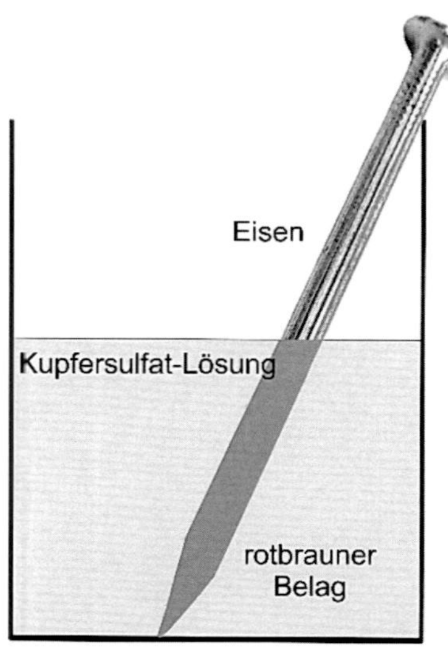

Vorbereitende Arbeiten:

- Schmirgeln Sie zunächst den Eisennagel schön blank.
- Füllen Sie den Plastikbecher mit 4 Esslöffel Wasser und lösen Sie darin unter Rühren 2 Teelöffel Kupfersulfat.

Vorführung:

- Stellen Sie den Eisennagel in die Lösung und präsentieren Sie Ihren Zuschauern nach 2 Minuten einen mit rötlichem, metallischem Kupfer überzogenen Eisennagel.

Erklärung: Der rot schimmernde Belag auf dem Eisennagel ist reines Kupfermetall. Es entsteht durch Reduktion der Cu^{2+}-Ionen im Kupfersulfat zu neutralen Kupferatomen. Im Gegenzug lösen sich vom Eisennagel Fe^{2+}-Ionen, die mit den Sulfat-Ionen der Lösung Eisensulfat bilden.

Die Reaktionsgleichung lautet: Kupfersulfat + Eisen → Eisensulfat + Kupfer

Versuch 5: Der Silbermacher (die Silberspiegel-Probe)

Geräte und Materialien: großes Reagenzglas (200 mm x 30 mm), hohes Becherglas 250 ml, Spatel, Plastikpipette, Silbernitrat, Wasserkocher, Ammoniaklösung 10 %ig, Glucose

Durchführung:

Vorbereitende Arbeiten:

- Stellen Sie ein hohes Becherglas, einen Wasserkocher und die Chemikalien zurecht.

Vorführung:

- Schalten Sie zuerst den Wasserkocher an. Geben Sie in das saubere Reagenzglas eine kleine Spatelspitze Silbernitrat. Fügen Sie 5 fingerbreit Wasser zu. Lösen Sie durch Umschwenken.
- Versetzen Sie mit der Pipette tropfenweise solange mit 10 %iger Ammoniaklösung, bis sich der anfängliche schwarzbraune Niederschlag wieder auflöst.
- Füllen Sie in das hohe Becherglas kochend heißes Wasser aus dem Wasserkocher.
- Geben Sie zum Reagenzglas mit der Silbernitratlösung eine Spatelspitze Traubenzucker, schwenken Sie um und stellen Sie das Reagenzglas ins heiße Wasser.
- Jetzt muss öfters mal kräftig umgeschwenkt werden, bis der Silberspiegel an der Reagenzglas-Innenwand erscheint. Damit kann man das Publikum zum Staunen bringen.

Erklärung: Traubenzucker wirkt reduzierend, d.h. er erzeugt durch Elektronenabgabe aus Ag^{+}-Ionen ungeladene Ag-Atome, also elementares Silber. Es muss in alkalischer Lösung stattfinden. Dafür sorgt Ammoniak. Zunächst fällt im Alkalischen schwarzbraunes Silberhydroxid aus, bevor das Silber im NH_3-Überschuss als komplexes $[Ag(NH_3)_2]^{+}$- Ion in Lösung geht.

Versuch 6: Der sagenhafte Wasserschlucker

Geräte und Chemikalien: Plastiktrinkbecher transparent 2 cl, Teelöffel, Superabsorber bzw. Babywindel (Vlies der Babywindel aufschneiden und den körnigen Superabsorber aus dem Gemisch mit den Zellstoff-Flocken herauspicken)

Durchführung (der Versuch braucht keine vorbereitenden Arbeiten):

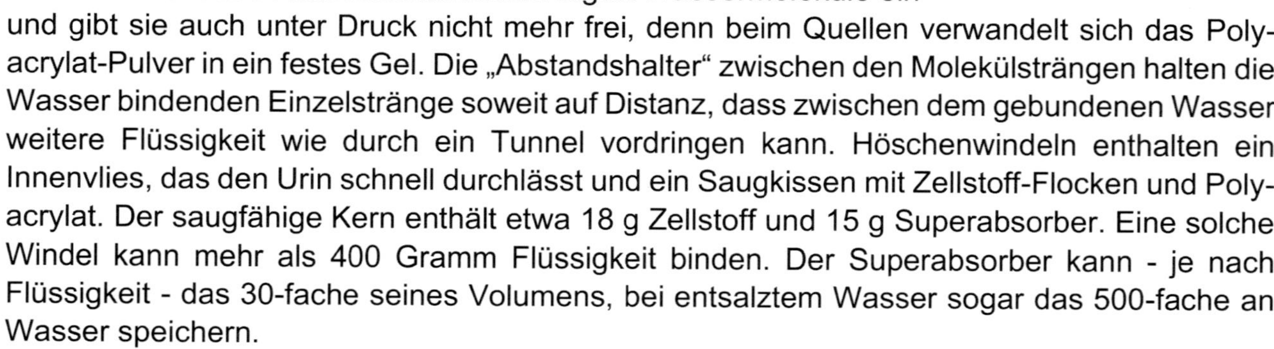

- Füllen Sie den Trinkbecher mit Leitungswasser.
- Geben Sie einen Teelöffel voll Superabsorber dazu und rühren Sie mit dem Löffel um.
- Lassen Sie den Becher bis zum Erstarren des Gels ca. 1 Minute Stehen. Nehmen Sie dann den Becher in die Hand und führen Sie ihn schnell über Ihren Kopf. Drehen Sie den Becher um, so als wollten Sie sich das Wasser über Ihr Haar gießen.

Erklärung: Babywindeln enthalten als kleine weiße Körnchen den sog. Superabsorber. Er besteht aus dem Kunststoff Polyacrylat. Sein Netzwerk aus Kunststoffmolekülen lagert Wassermoleküle ein und gibt sie auch unter Druck nicht mehr frei, denn beim Quellen verwandelt sich das Polyacrylat-Pulver in ein festes Gel. Die „Abstandshalter" zwischen den Molekülsträngen halten die Wasser bindenden Einzelstränge soweit auf Distanz, dass zwischen dem gebundenen Wasser weitere Flüssigkeit wie durch ein Tunnel vordringen kann. Höschenwindeln enthalten ein Innenvlies, das den Urin schnell durchlässt und ein Saugkissen mit Zellstoff-Flocken und Polyacrylat. Der saugfähige Kern enthält etwa 18 g Zellstoff und 15 g Superabsorber. Eine solche Windel kann mehr als 400 Gramm Flüssigkeit binden. Der Superabsorber kann - je nach Flüssigkeit - das 30-fache seines Volumens, bei entsalztem Wasser sogar das 500-fache an Wasser speichern.

Versuch 7: Farbenzauber – eine Lösung, fünf Farben

Das ist der Versuch 11 der Seiten 38/39. Er wird für den Lehrer (nur für den!) in einer größeren Dimension durchgeführt und um einen Schritt, mit der Verwendung von Natronlauge, erweitert.

Geräte und Chemikalien: Wasserkocher, Rotkohl, kleiner Kochtopf, 2 x 500 ml-Bechergläser (Gläser), Schere, transparente Trinkbecher (500 ml), Spatel, Waschsoda (Drogeriemarkt), Essigessenz (ca. 100 ml in einem Glas abgefüllt vorhalten), Eisen(III)chlorid, Natronlauge 25 %ig, Kaffeelöffel, Esslöffel, 100 ml-Messzylinder

Durchführung:

Vorbereitende Arbeiten:

- Zerschneiden Sie 2 Blatt vom Rotkohl in kleine Stücke über dem kleinen Kochtopf und übergießen Sie diese mit einem halben Liter kochendem Wasser aus dem Wasserkocher. Der Ansatz sollte ca. 1 Stunde stehen (er kann auch schon am Vortag angesetzt werden).
- Gießen Sie danach die Brühe ab und füllen Sie ca. 100 ml davon im 500 ml-Trinkbecher mit Leitungswasser auf 500 ml auf. Es sollte dann eine nicht zu intensiv gefärbte, durchscheinend blaue Lösung vorliegen (siehe Abbildung Seite 55 oben).
- Stellen Sie daneben in eine Reihe 4 weitere leere 500 ml Plastikbecher.
- In den ersten leeren Becher geben Sie einen Spatel voll Waschsoda, in den zweiten einen Esslöffel Essigessenz, in den dritten einige wenige Körnchen Eisen(III)chlorid und in den vierten 2 Esslöffel voll 25 %iger Natronlauge.

Vorführung (das Umfüllen der Flüssigkeit können auch Schüler übernehmen):

- Schütten Sie die blaue Ausgangslösung in den 2. Becher und rühren mit dem Esslöffel um. Schütten Sie dann alles in den Becher 3, dann in den Becher 4 und schließlich in den Becher 5. Dazwischen wird immer mit dem Esslöffel umgerührt, vor allem im Becher 5.

Hinweis: Die Erklärungen zu diesem Versuch gibt es auf Seite 39. Mit NaOH stellt sich eine gelbe Farbe ein. Dabei werden die Anthocyan-Moleküle in ihrer Struktur irreversibel zerstört.

Versuch 8: Blumen, die die Farbe wechseln

Geräte und Chemikalien: weiße Stoffblumen, Thymolphthalein-Lösung (0,5 g auf 20 ml Spiritus in Tropfpipettenfläschchen), Phenolphthalein-Lösung (0,1 %ig) in Tropfpipettenfläschchen, Ammoniak-Lösung (ammoniakhaltiger Glasreiniger z. B. *Ajax Crystal Clean*), Wäschesprayer (man kann auf Thymolphthalein verzichten; dann gibts nur einen Farbumschlag)

Durchführung:

Vorbereitende Arbeiten:

- Die Blütenblätter einer weißen Stoffblume werden mit der Pipette mit Phenolphthalein-Lösung getränkt. Eine zweite Stoffblume wird mit Thymolphthalein-Lösung präpariert. Bis zur Vorführung müssen die Lösungen eingetrocknet sein. Einmal imprägniert, können Sie die Rosen jahrelang für Show-Einlagen aufbewahren.

Vorführung:

- Die Blumen werden bei der Präsentation mit dem Wasserzerstäuber angefeuchtet.
- Dann halten Sie oder ein Schüler die Blüte über eine Flasche mit Ammoniak-Lösung. Man kann sie auch mit einem ammoniakhaltigen Glasreiniger besprühen.
- Nachdem die Blumen Farbe angenommen haben, schwenken Sie diese an der Luft für kurze Zeit bis die Farben wieder verschwunden sind. Dann können Sie sie erneut über der Ammoniak-Lösung einfärben. Dieses Experiment lässt sich beliebig oft wiederholen und die präparierten Stoffblumen lassen sich unbegrenzt lange aufbewahren.

Erklärung: Phenolphthalein und Thymolphthalein sind Säure-Base-Indikatoren. Im Sauren sind beide farblos und im Alkalischen nimmt Phenolphthalein eine pinkrote und Thymolphthalein eine blau-violette Farbe an. Aus der Ammoniak-Lösung gast beim Öffnen Ammoniak-Gas aus (man kann‘s auch riechen). Die alkalische Reaktion findet erst in Wasser statt, deshalb muss man die Stoffblumen anfeuchten. Wenn man die farbigen Blumen an der Luft schwenkt, kommen sie mit dem CO_2 in der Luft in Kontakt. Dieses bildet mit Wasser eine Säure (Kohlensäure), die die Wirkung des alkalischen Ammoniaks wieder aufhebt. Die Blumen entfärben sich, aber die Indikatoren haften noch am Gewebe. Sie verbrauchen sich nicht.

Versuch 9: Chemischer Leuchtzauber

(der Vortragsraum sollte jetzt möglichst stark abgedunkelt sein)

Geräte und Materialien: 2 Trinkgläser, Vollwaschmittel, Currypulver, Nagellackentferner (mit dem Lösungsmittel Ethylacetat), Tonic Water (Supermarkt), Textmarker „Stabilo Boss Original" mit Leuchtfarben, Blatt Papier, Taschenlampe mit Schwarz- bzw. UV-Licht (Dioden mit 396 nm; im Internet ab 5,95 € erhältlich; z.B. Eletorot UV Taschenlampe LED Handlampe Schwarzlicht aus Alulegierung, Detektor für falsches Papiergeld oder eingetrocknete Urin-Flecken der Haustiere für 7,99 €), Kaffeelöffel, braunes Ei (roh oder gekocht)

Durchführung

Vorbereitende Arbeiten: die Materialien können lange vor der Vorführung bereitgestellt werden

- Füllen Sie das erste Trinkglas mit Wasser und geben Sie eine Kaffeelöffelspitze Vollwaschmittel dazu. Rühren Sie einmal kräftig um.
- In das zweite Glas füllen Sie etwas Nagellackentferner und streuen Currypulver hinein. Schwenken Sie dann kräftig um. Daneben legen Sie das braune Ei.

Vorführung:

- Dunklen Sie den Raum ab und leuchten Sie dann die beiden Gläser und das Ei mit der UV-Taschenlampe nacheinander an. Sie und ihre Zuschauer erleben dann folgende fantastischen Fluoreszenzen: **hellblau, grüngelb** und **magentarot**

- Schreiben Sie mit den *Stabilo*-Textmarkern einen Text (z.B. „Chemie ist bunt") auf ein Blatt Papier (*Stabilo* bietet 9 Leuchtfarben an; man kann günstig ein 4er-Etui oder ein 8er-Etui erwerben); beleuchten Sie die Schrift im dunklen Raum mit der UV-Taschenlampe.
- Leuchten Sie die Flasche mit Tonic Water mit der UV-Taschenlampe an.

Erklärung: Als Fluoreszenz bezeichnet man die spontane Emission von Licht nach einer Anregung durch energiereicheres Licht. Wir verwenden hier blaue LEDs, die eine Strahlung von 396 nm erzeugen. Der UV-Bereich beginnt ab 400 nm und setzt sich mit Strahlung kleinerer Wellenlängen fort. Darüber geht die Strahlung in den sichtbaren Bereich über und erscheint unserem Auge blau. Waschmittel enthalten als fluoreszierende Farbstoffe so genannte optische Aufheller oder Weißtöner, die durch eine hellblaue Fluoreszenz den unangenehmen Gelbstich kompensieren sollen und so die Wäsche „weißer als weiß" erscheinen lassen. Curry enthält den Farbstoff Curcumin, der beim Bestrahlen eine grüngelbe Fluoreszenz zeigt. In der braunen Eierschale ist der Farbstoff Protoporphyrin enthalten, eine Vorstufe des roten Blutfarbstoffes Hämoglobin, bei dem mit UV-Licht Fluoreszenz angeregt werden kann. Die Textmarker enthalten synthetische, fluoreszierende Farbstoffe. Im Tonic Water ist natürliches Chinin enthalten, das nach Anregung mit einer hellblauen Fluoreszenz reagiert.

Versuch 10: Das blaue Wunder

Geräte und Materialien: 0,75 L- oder 1 L-Glasflasche mit Schraubverschluss, 3 Bechergläser, Spatel, Natronlauge 25 %ig, Methylenblau, Plastikpipette, Glucose (= Traubenzucker), Teelöffel, Esslöffel, Messzylinder

Durchführung:

Vorbereitende Arbeiten (kurz vor Beginn der Vorführung!):

- Geben Sie in ein Becherglas 20 ml (= 2 Esslöffel voll) 25 %ige Natronlauge und fügen Sie 75 ml Wasser dazu.
- In ein anderes Becherglas geben Sie 2 Esslöffel voll Traubenzucker und lösen in ca. 100 ml Wasser auf.
- Geben Sie in ein drittes Becherglas wenig festes Methylenblau und lösen Sie in 2 Esslöffel voll mit Wasser.
- Geben Sie die Natronlauge und die Glucose-Lösung in die Glasflasche und füllen Sie mit Wasser auf, bis die Flasche zu ca. drei Vierteln gefüllt ist. Tropfen Sie dann mit der Pipette Methylenblau-Lösung in die Flüssigkeit und schwenken Sie dabei um, bis eine kräftige blaue Färbung entstanden ist.
- Verschließen Sie die Flasche und lassen Sie sie ruhig stehen. Bis dieses Experiment bei der Vorführung an der Reihe ist, müsste eine Entfärbung eingetreten sein.

Vorführung:

- Wenn Sie jetzt die verschlossene Flasche kräftig schütteln, kehrt das Blau zurück. Warten Sie wenige Minuten und schütteln Sie nach der Entfärbung wieder. Dieses Spiel lässt sich viele Male wiederholen und das Blau kommt und geht. Ab und zu müssen Sie den Deckel kurz aufschrauben, damit wieder frische Luft in die Flasche kommt.

Erklärung: Im Alkalischen (Natronlauge) wirkt der Traubenzucker reduzierend. Das heißt, übersetzt aus der Fachsprache der Chemiker, er gibt Elektronen an das Methylenblau ab und verwandelt es so in das farblose Leukomethylenblau. Leukomethylenblau ist die reduzierte Form von Methylenblau. Glucose wird dabei selbst zu einem Stoff oxidiert, der Gluconsäure heißt. Beim Schütteln wird Sauerstoff aus dem Luftdepot über der Flüssigkeit in die Lösung gemischt. Er macht die Reduktion von Methylenblau wieder rückgängig, indem er das Leukomethylenblau wieder zu Methylenblau oxidiert. Jetzt kann das Spiel wieder von vorn beginnen.

Versuch 11: Die blaue Lavalampe

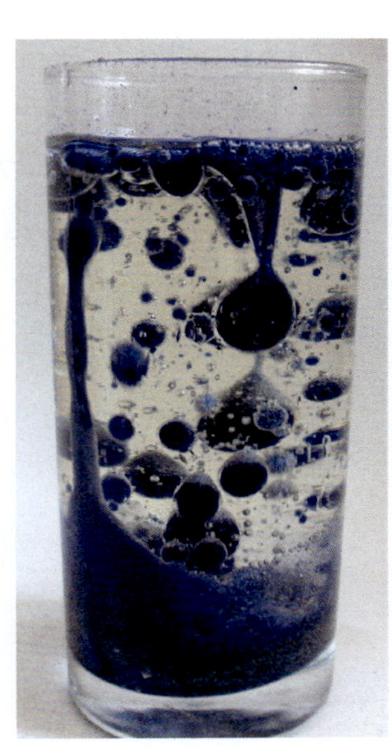

Geräte und Materialien: hohes Trinkglas, blaue Tintenpatrone, Pflanzenöl, Brausetablette

Durchführung (dieses Experiment braucht keine vorbereitenden Arbeiten; es kann aus dem Stand heraus gemacht werden)

- Geben Sie in das Trinkglas ca. 5cm hoch Wasser.
- Färben Sie das Wasser mit etwas blauer Tinte an.
- Füllen Sie das Glas voll mit Pflanzenöl.
- Werfen Sie eine Brausetablette ins Glas. Jetzt dürfen alle staunen!

Erklärung: Wasser hat eine größere Dichte als Pflanzenöl. Deshalb schwimmt Öl auf Wasser. Blaue Tinte ist ein hydrophiler Farbstoff, deshalb löst er sich nur in Wasser und nicht in Öl. Es gilt die alte Regel:

„Gleiches löst sich in Gleichem." Brausetabletten bilden in Wasser Kohlenstoffdioxid. Die Gasblasen wirbeln das Wasser durcheinander und schleudern große „Tropfen" nach oben, die von CO_2-Bläschen umgeben sind. Sie sorgen wie Schwimmärmelchen dafür, dass die Wasserkugeln insgesamt leichter werden als das Öl und lassen sie aufsteigen. An der Oberfläche verlieren sie die Gasblasen und fallen wieder nach unten; dadurch nimmt ihre Dichte wieder zu. Der „Fahrstuhl" funktioniert, so lange CO_2 nachgebildet wird.

Hinweise auf die nachfolgenden Projektions-Experimente

Die in der Chemie-Show folgenden Experimente finden in Petrischalen auf einem möglichst lichtstarken Overheadprojektor statt. Dabei sollte man eine Maske mit kreisrundem Ausschnitt (Ø = 8,3 cm) auf die Glasfläche legen, um die Projektionsfläche außerhalb der Petrischale schwarz erscheinen zu lassen und nur die Petrischale (Ø = 9 cm) als Lichtkreis abzubilden. Man kann sich die Maske aus schwarzem Tonpapier von der Größe A3 leicht herstellen, wenn man genau in die Mitte mit dem Zirkel einen Kreis mit einem Durchmesser von 8,3 cm zeichnet und diesen dann mit einer Nagelschere ausschneidet. Wenn Sie die Entfernung des Overheadprojektors von der Leinwand so wählen (ca. 4 - 5 m), dass der runde Lichtausschnitt die Leinwand möglichst ganz ausfüllt, dann werden die „chemischen Bilder", die sich von selber malen, besonders eindrucksvoll. Der Raum muss aber wirklich komplett abgedunkelt sein und jeder seitliche Lichteinfall muss verhindert werden. Für den Fall, dass es den Overheadprojektor nicht mehr gibt, sollen hier Alternativen für die Petrischalen-Projektion aufgezeigt werden. Auch mit einer Dokumentenkamera oder mit jedem Tablett mit Kamera-App kann ein hochaufgelöstes Bild von der Petrischale aufgenommen werden. Das Bild muss dann über einen Beamer oder ein interaktives Whiteboard gespiegelt werden. In diesem Fall sollte man die Petrischale auf den Boden einer umgekehrten Glasschale mit einer Wandhöhe von 4 - 5 cm stellen, auf der die oben beschriebene Maske mit dem Kreisausschnitt liegt. Es empfiehlt sich, neben der Glasschale noch eine nicht zu starke LED-Lichtquelle (z. B. eine Taschenlampe) zu platzieren. Durch den seitlichen Lichteinfall kann dann die Petrischale von unten beleuchtet werden, was den dunklen Farbtönen etwas mehr Transparenz gibt. Man muss durch ein bisschen Ausprobieren herausfinden, wie man ein farbiges Bild mit optimaler Farbqualität auf die Leinwand bekommt. Bei der Benutzung eines Tabletts ist es von Vorteil, wenn man dieses mit einem Stativ über der Petrischale fixiert. Seit kurzer Zeit gibt es im Lehrmittelhandel (Klüver & Schulz) das günstige Durchlicht-Demonstrations-Set DULIDEM, das die Betrachtung von bestimmten Objekten, chemischen Reaktionen und Naturphänomenen durch Projektion mittels Activbord oder Beamer und Leinwand ermöglicht. Dieses Gerät, bestehend aus einer Durchlichtplatte, einer transparenten Acrylglasscheibe und einer Dokumentenkamera, ist überall dort einsetzbar, wo in der Vergangenheit der Overheadprojektor verwendet wurde. Seine Bedienung und die Handhabung der Software ist denkbar einfach.

Zum Schluss noch ein Tipp: Wenn Sie zu den projizierten Bildern die passende Musik haben, werden die optischen Eindrücke noch verstärkt. Ich habe oft genug erlebt, dass diese Bilder die Zuschauer, besonders in Begleitung von Musik, auch emotional berühren.

Versuch 12: Kalkmuster in der Petrischale

Geräte und Materialien: lichtstarker Overheadprojektor oder Dokumentenkamera, Maske mit rundem Ausschnitt, Petrischale mit Deckel, 2 Trinkgläser, Kaffeelöffel, Esslöffel, Trichter, Blitzzement oder Calciumhyroxid (gelöschter Kalk), Wasserkocher, Filtertüte, verschließbares Gefäß, Brausetabletten (Drogeriemarkt), 30 ml Spritze, Schutzbrille

Durchführung:

Vorbereitende Arbeiten:

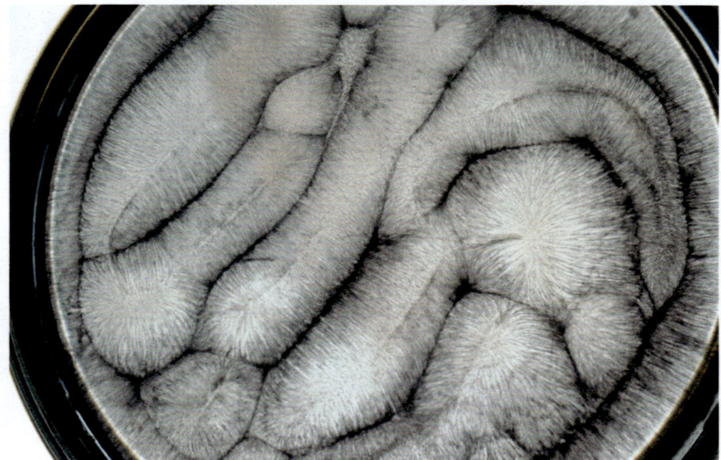

- Overheadprojektor/Dokumentenkamera in Position bringen; Leinwand herrichten
- Stellen Sie sich 50 ml Kalkwasser her. Dazu gibt man eine Kaffeelöffelspitze festes Calciumhydroxid (= gelöschter Kalk = $Ca(OH)_2$) in einen gefalteten Filter im Trichter, der auf einer verschließbaren Flasche aufsitzt. Gießen Sie ca. 100 ml Wasser in den Filter. Das klare Filtrat wird im Glasgefäß aufgefangen. Nach Beendigung der Filtration muss es bis zum Aufführungsbeginn verschlossen werden (Kalkwasser reagiert mit dem CO_2 in der Luft). Wenn Sie kein Calciumhydroxid zur Verfügung haben, können Sie Kalkwasser aus Blitzzement vom Baumarkt herstellen. Dazu geben Sie in die Filtertüte 3 Kaffeelöffel Blitzzement. Übergießen Sie den Blitzzement mit wenig kochend heißem Wasser aus dem Wasserkocher. Blitzzement enthält u.a. gelöschten Kalk, der vom heißen Wasser herausgelöst wird. Das Filtrat ist also eine Lösung von gelöschtem Kalk. Filtrieren Sie in ein verschließbares Gefäß. Verschlossen kann man das Kalkwasser einige Wochen aufbewahren.
- Legen Sie neben den Overheadprojektor die Petrischale mit Deckel, das Gefäß mit Kalkwasser, ein Trinkglas, in dem sich 2 Esslöffel Wasser befinden, ein weiteres Trinkglas, die Brausetabletten und die 30 ml-Spritze.

Vorführung:

- Legen Sie die Petrischale auf den Overheadprojektor, daneben den Deckel. Füllen Sie die Schale halb voll mit Kalkwasser und legen Sie den Deckel auf.
- Jetzt muss es schnell gehen: Werfen Sie 2 Brausetabletten in das Glas mit Wasser. Wenn das Rauschen abgeklungen ist, halten Sie die Mündung der 30 ml-Spritze direkt über die Flüssigkeit und ziehen Sie langsam den Stempel hoch, um die Spritze mit CO_2 zu füllen.
- Heben Sie dann den Petrischalen-Deckel auf einer Seite an. Führen Sie darunter den Kanülensockel der Spritze ein. Entleeren Sie ihren Inhalt in die Petrischale. Legen Sie den Deckel wieder auf. Wiederholen Sie das Ganze mit einer weiteren Spritzenfüllung CO_2. Jetzt heißt es kurz warten, bis die im Bild oben dargestellten Calcit-Strukturen erscheinen.

Erklärung: Es bildet sich im Kalkwasser ein feiner Calcit-Niederschlag, dessen Projektionsbild an ein Darmgekröse oder an Hirnwindungen erinnert. Kalkwasser ist ein Nachweisreagenz auf CO_2. Aus löslichem $Ca(OH)_2$ und gasförmigem CO_2 bildet sich ein schwerlöslicher Calciumcarbonat-Niederschlag ($CaCO_3$), der bei direktem Hinsehen dem Auge weiß, in der Projektion aber schwarz erscheint.

Achtung: Kalkwasser ist nicht allzu gefährlich, aber doch etwas ätzend. Achten Sie durch Tragen einer Schutzbrille darauf, dass es nicht in die Augen spritzen kann!

Versuch 13: Der rote Riese in der Petrischale

Geräte und Materialien: Petrischale, Spatel, kleines Becherglas, Glasstab, Esslöffel, Plastikpipette, Eisen(III)chlorid, Essig, gelbes Blutlaugensalz, Ammoniumthiocyanat, Overheadprojektor oder Dokumentenkamera

Durchführung:

Vorbereitende Arbeiten:

- Stellen Sie sich eine Eisen(III)chlorid-Lösung her. Geben Sie dazu in ein kleines Becherglas einige Körnchen Eisen(III)chlorid und 5 Esslöffel Wasser und schwenken Sie zum Auflösen um. Setzen Sie noch 3 Tropfen Essig zu.

Vorführung:

- Geben Sie in die Petrischale Eisen(III)chlorid-Lösung. Der Boden sollte gut bedeckt sein.
- Streuen Sie mit dem Spatel einige Körnchen gelbes Blutlaugensalz in die Lösung.
- Geben Sie in die Mitte der Schale ein Körnchen Ammoniumthiocyanat.

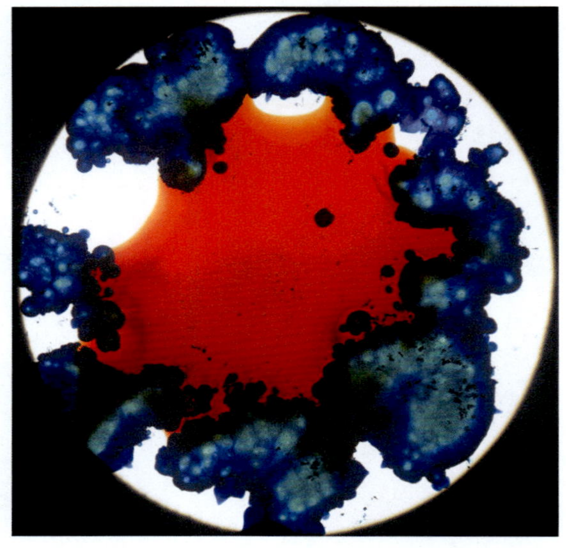

Erklärung: Die Eisen(III)chlorid-Lösung enthält Fe^{3+}- und Chlorid-Ionen (Cl^-). Die Lösung muss mit ein paar Tropfen Säure stabilisiert werden. Die Eisen-Ionen reagieren mit den Hexacyanoferrat-Ionen im gelben Blutlaugensalz zu einem blauen Farbstoff, den man „Berliner Blau" nennt. Die gleichen Eisen-Ionen ergeben mit Thiocyanat-Ionen (SCN^-) aus dem Ammoniumthiocyanat einen blutroten Farbstoff, das Eisenthiocyanat

Versuch 14: Big Bang in der Petrischale

Geräte und Materialien: Petrischale, Rapsöl, Tropfpipettenfläschchen 25 ml (z.B. für Nasen- oder Augentropfen aus der Apotheke), Spiritus, 2 Trinkbecher, blaue Tinte, rote Tinte, Esslöffel, Kaffeelöffel, Overheadprojektor oder Dokumentenkamera

Durchführung:

Vorbereitende Arbeiten:

- Stellen Sie sich als Vorrat (unbegrenzt haltbar!) einige Farbstofflösungen mit blauer und roter Tinte (evtl. auch mit anderen Tintenfarben) in Tropfpipettenfläschchen her. Geben Sie dazu jeweils zwei Esslöffel Spiritus und einen nicht ganz gefüllten Kaffeelöffel Wasser in den Trinkbecher und so viel farbige Tinte, dass eine kräftig gefärbte Lösung entsteht.
- Füllen Sie die farbigen Lösungen - auch für spätere Vorführungen - in die Tropfpipettenfläschchen ab und beschriften Sie diese.

Vorführung:

- Geben Sie bei der Vorführung so viel Sonnenblumenöl in die Petrischale auf dem Overheadprojektor, dass der Boden gut bedeckt ist.
- Geben Sie mit der Tropfpipette in die Mitte auf einen Punkt 7 - 8 Tropfen von einer farbigen Tintenlösung und warten Sie ab, bis sich der Fleck ausgebreitet und dann in lauter kleine Farbpunkte aufgelöst hat. Wiederholen Sie das mit Tintenlösung einer anderen Farbe.

- Zum Schluss können Sie 2 Farbstoffkleckse zu jeweils 6 - 8 Tropfen nebeneinander in die Petrischale setzen oder auch ein bisschen spielen und andere Farbmuster erzeugen.

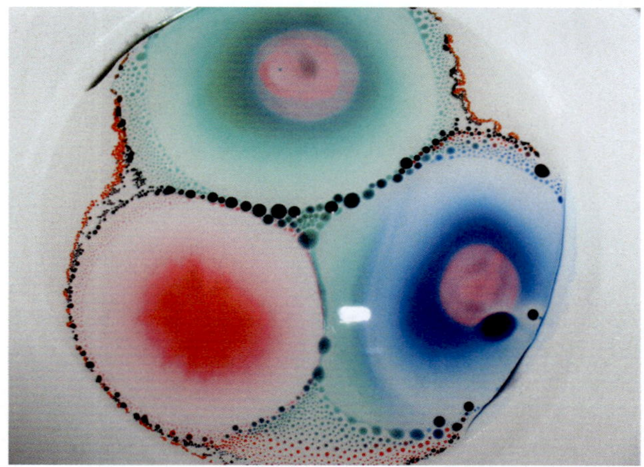

Erklärung: Die dynamischen Effekte kommen dadurch zustande, dass die Farbstofflösung einen hauchdünnen Film auf dem Pflanzenöl bildet und sich nicht mit ihm vermischt. Die Eruptionen bei der blauen Tinte und die sich anschließende „Implosion" sind eine Folge der raschen Verdunstung des Alkohols. Die blauen, verbleibenden Punkte stammen vom Wasser, das nicht so schnell verdunstet. „Big bang" ist der Urknall mit dem unser Universum vor 13,8 Milliarden Jahren mit einer superschnellen Ausdehnung, die bis heute anhält, geboren wurde.

Versuch 15: Frühling in der Petrischale

Geräte und Materialien: Petrischale, Plastikbecher, Esslöffel, Spatel, Overheadprojektor/Dokumentenkamera, Pipette, Indigocarmin, Kaliumpermanganat (fein), verd. Natronlauge, Oxalsäure-Dihydrat,

Durchführung:

Vorbereitende Arbeiten (vor Show-Beginn):

- Geben Sie in den Plastikbecher 5 Esslöffel Wasser und eine wirklich kleine Spatelspitze Indigocarmin. Die tiefblaue Lösung kann bis zur Vorführung stehen bleiben.

Vorführung:

- Geben Sie in die Petrischale auf dem Overheadprojektor 2 Esslöffel voll blaue Lösung.
- Tropfen Sie in die blaue Lösung verdünnte Natronlauge (nach jedem Tropfen muss umgeschwenkt werden!), bis ein kräftiges Grün entsteht. Sie merken das Zuviel an Natronlauge daran, dass das Grün in Gelbgrün übergeht. Dann ist es fast zu spät!
- Streuen Sie vom Spatel durch Tippen mit dem Zeigefinger auf den Mittelschaft immer nur einige Stäubchen Kaliumpermanganat an verschiedenen Stellen in die blaue Lösung.
- Warten Sie, bis sich die violetten „Magnolienblüten" entwickelt haben. Streuen Sie dann mit dem Spatel einige Körnchen Oxalsäure auf und zwischen die „Magnolienblüten".

Erklärung: Indigocarmin ist ein Säure-Base-Indikator, der im Alkalischen eine grüne Farbe annimmt. Die imaginären Magnolienblüten zeigen die intensive violette Eigenfarbe des Kaliumpermanganats. Die Oxalsäure lässt den Indikator ins Blaue umschlagen und reagiert mit dem Kaliumpermanganat unter Braunfärbung und Bildung von Kohlendioxid-Gasbläschen, die vielleicht an bestäubende Bienen erinnern. Hier findet eine sogenannte Redoxreaktion statt.

Versuch 16: Herbst in der Petrischale

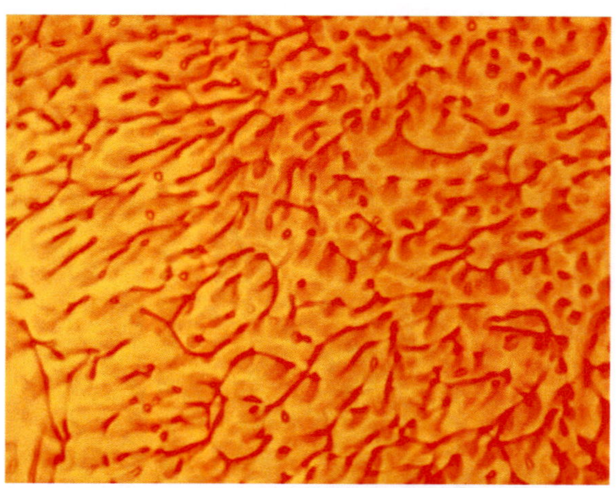

Geräte und Materialien: Petrischale, Plastikbecher, Esslöffel, Spatel, Plastikpipette, Glucose (Traubenzucker), Trinkbecher Indigocarmin, verd. Natronlauge, Overheadprojektor oder Dokumentenkamera

Durchführung:

Vorbereitende Arbeiten:

- Geben Sie in den Trinkbecher 5 Esslöffel Wasser, 5 gehäufte Spatel Glucose und eine sehr kleine Spatelspitze Indigocarmin. Die blaue Lösung bleibt bis zur Präsentation stehen.

Vorführung:

- Geben Sie von der blauen Lösung 2 Esslöffel in die Petrischale. Tropfen Sie Natronlauge zu, bis die Lösung grün wird. Schwenken Sie um und lassen Sie dann alles ruhig stehen.
- Wenn alles richtig läuft, sollte die grüne Farbe nach Weinrot und dann nach Rostrot umschlagen. Nach einigen Minuten werden aus Rottönen Gelbtöne. Manchmal entstehen auch noch Blattrippen-Muster: Das perfekte „Herbstgefühl“!

Erklärung: Der blaue Wollfarbstoff Indigocarmin ist sehr luftempfindlich. Durch Reaktion an seiner Oberfläche mit dem Luftsauerstoff wird er oxidiert und ändert seine Farbe.

Versuch 17: Blaue Knospe auf Glycerin in der Petrischale

Geräte und Materialien: Glycerin (wasserfrei), Petrischale, Spatel, Tintenpatrone blau (evtl. auch rot und andere Farben), Spiritus, Becherglas, Pipette, Kaffeelöffel, Overheadprojektor oder Dokumentenkamera

Durchführung:

Vorbereitende Arbeiten:

- Geben Sie in das Becherglas 1 Kaffeelöffel voll Spiritus und lösen Sie den Inhalt einer blauen Tintenpatrone darin.
- Geben Sie mit der Pipette noch 10 Tropfen Wasser dazu.
- Wenn Sie noch andersfarbige Lösungen von Tintenpatronen wie oben beschrieben vorbereiten (rot, grün), können Sie einen bunten Strauß in die Petrischale zaubern.

Vorführung:

- Gießen Sie so viel Glycerin in die Petrischale, dass der Boden gut bedeckt ist.
- Tropfen Sie dann 10 Tropfen von der blauen Lösung im Becherglas in die Mitte der Petrischale und warten Sie. Später können Sie die Tropfen kurz hintereinander an verschiedenen Stellen in der Petrischale platzieren und das auch mit unterschiedlichen Farben, die man auch mal direkt aufeinander tropfen kann.

Erklärung: Die dynamischen Strukturen, die an eine Blumenknospe erinnern, beruhen im Wesentlichen auf Verdunstungseffekten des Alkohols in der Farbstofflösung auf der Glycerin-Oberfläche, auf der sich die Lösung als hauchdünner Film ausbreitet.

Versuch 18: Winter in der Petrischale

Geräte und Materialien: Petrischalen-Deckel, gesättigte Magnesiumsulfat-Lösung im Schraubverschlussfläschchen (in einem halbgefüllten Plastikbecher so viel Magnesiumsulfat unter Umrühren auflösen bis ein Bodenkörper bleibt; wenn der Bodenkörper verschwindet, muss nachdosiert werden), Spülmittel, Kaffeelöffel, Plastikpipette, Küchenpapier, evtl. Föhn, Overheadprojektor oder Dokumentenkamera

Durchführung:

Vorbereitende Arbeiten:

- Zur Vorbereitung füllen Sie den Petrischalen-Deckel mit Wasser und geben einige Tropfen Spülmittel dazu. Rühren Sie um und lassen Sie ihn bis zum Versuchsbeginn stehen.

Vorführung:

- Schütten Sie das spülmittelhaltige Wasser aus dem Deckel und halten Sie ihn kurz senkrecht, so dass das Spülmittelwasser gut ablaufen kann. Es wird ein feiner Film zurückbleiben, der wichtig ist, weil er anschließend für eine gleichmäßige Benetzung des Bodens des Petrischalen-Deckels mit der Magnesiumsulfat-Lösung sorgt.
- Geben Sie dann 2 Plastikpipetten voll von der gesättigten Magnesiumsulfat-Lösung in den Deckel und schwenken Sie gut um, so dass sich die Lösung gleichmäßig über die ganze Bodenfläche verteilt. Es darf keine unbenetzten Stellen geben.
- Halten Sie dann den Deckel wieder senkrecht (am besten über einem Stück Küchenpapier) und lassen Sie die Magnesiumsulfat-Lösung ablaufen. Es sollte nur noch ein hauchdünner Film im Petrischalen-Deckel zurückbleiben! Optimal gelingt das, wenn man beim Ablaufen zusätzlich in den Petrischalen-Deckel hineinpustet.
- Jetzt beginnt das eigentliche Experiment. Der Petrischalen-Deckel wird auf den Overheadprojektor gelegt und dann braucht's ein bisschen Geduld (manchmal auch einen langen Atem), bis die Kristallisation einsetzt und zum Schluss (das kann auch mal 15 Minuten dauern) die ganze Petrischale ausfüllt. Die Zeit bis zum Auftreten der ersten Kristalle hängt sehr von der Dicke des Films der Magnesiumsulfat-Lösung ab, aber es lohnt sich in jedem Falle, etwas zu warten. Der Prozess ist nicht spektakulär, fesselt aber dennoch die Zuschauer, weil sie miterleben, wie die Petrischale langsam mit Kristallen zuwächst. Ein Wachstum, das man wie im Zeitraffer beobachten kann. Auch hier kann man durch intensives Einblasen von warmer Ausatemluft (oder sogar mit der warmen Luft eines Föhns) den Kristallisations-Prozess beschleunigen.

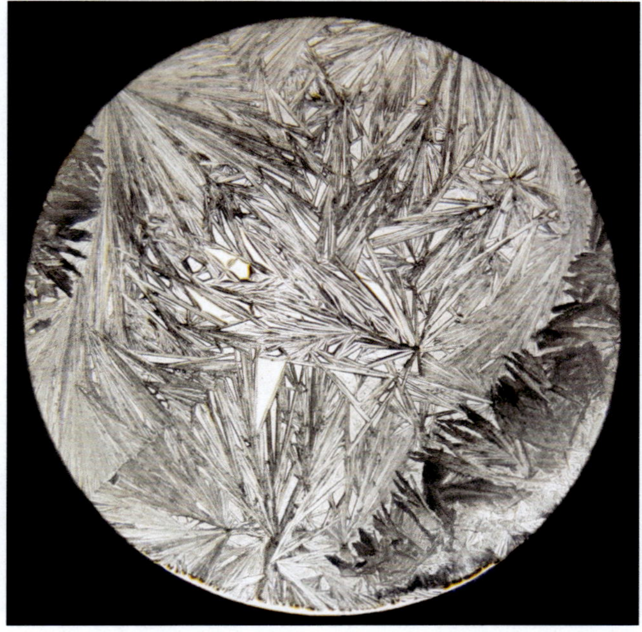

Hinweis: Das Salz, das hier auskristallisiert, ist Magnesiumsulfat. Magnesiumsulfat kann man auch in der Apotheke als Abführmittel unter dem Namen „Bittersalz" kaufen. Damit die Kristalle, oft auch strahlenförmig, wachsen können, muss das Wasser verdunsten. Das geht umso schneller, je dünner der Film der Magnesiumsulfat-Lösung in der Petrischale ist. Wenn der Film ein bisschen dicker ist, dauert es etwas länger. Dafür wachsen die Kristalle umso schöner.

Geräte- und Materialliste - Bezugsquellen

Wenn Sie dazu beitragen wollen, den Blick für die Chemie als eigenständige naturwissenschaftliche Disziplin an der Grundschule etwas zu schärfen, dann müssen Sie nicht die Grenzen des in Bayern gültigen HSU-Lehrplans überschreiten, sondern nur den Fokus ein bisschen verschieben. Auch wenn Sie sich „nur" entschließen, eine paar Experimentiervorschläge aus dem hier zusammengestellten Angebot in Ihren Unterricht aufzunehmen, dann stellt sich mit Recht die Frage, wie sich ein solcher Unterricht ökonomisch organisieren lässt.

Ich habe im Folgenden alle in diesem Büchlein bei den einzelnen Experimenten unter „*Geräte und Materialien*" genannten Lehrmittel für Sie, mit einem Hinweis auf günstige Bezugsquellen, zusammengestellt. Wenn irgend möglich, wird bei diesen Versuchen leicht verfügbaren Haushaltsmitteln der Vorzug vor den im Lehrmittelhandel erhältlichen Schulchemikalien gegeben. Vorher noch einige Tipps, mit denen ich meine Erfahrungen als Mitarbeiter bei der Einführung des neuen Unterrichtsfaches „Natur und Technik – Naturwissenschaftliches Arbeiten" am Gymnasium und der sich daran anschließenden jahrelangen Unterrichtstätigkeit in diesem Fach weitergeben möchte. Auch die Erkenntnisse aus meiner Tätigkeit als Lehrerfortbildner für das Fach „Natur und Technik" an der Mittelschule fließen hier ein.

- Bevor Sie für Anschaffungen Geld ausgeben, sollten Sie und Ihre Kollegen an der Schule erst einmal das Versuchs-Programm zusammenstellen, das Sie im HSU Ihrer Schule anbieten wollen. Die wichtigste Frage lautet: Welche Experimente wollen wir machen?
- Erst im nächsten Schritt erfolgt der Einkauf, denn die Anschaffungen orientieren sich an der Auswahl der Experimente.
- Mit dem Entschluss, Materialien für eine langfristige Unterrichtsplanung zu kaufen und zu lagern fällt auch die Entscheidung, eine kleine Sammlung anzulegen. Dazu wäre es sinnvoll, einen abschließbaren Schrank im Übungsraum oder im Vorraum dafür zu reservieren.
- Bei den schmalen Budgets vieler Schulen wird man natürlich versuchen, die erforderlichen Materialien möglichst günstig zu beschaffen. Ich will Ihnen dabei mit Tipps behilflich sein und im Folgenden Bezugsquellen nennen, die sich aus meiner Sicht bewährt haben.
- Für die Lagerung der sehr überschaubaren Anzahl an Chemikalien müssen Sie, außer dass diese Schülern nicht frei zugänglich sein dürfen, keine weiteren Vorkehrungen treffen. Dazu nur ein Tipp: Lagern Sie „Ammoniakwasser verdünnt" und „Salzsäure verdünnt" nicht unmittelbar nebeneinander, sondern in einem größeren Abstand zueinander. Es könnte sonst sein, dass auf den Behältern auf längere Sicht ein weißer Belag zum Vorschein kommt. Dabei handelt es sich um sog. „Salmiaknebel". Chemisch ist das Ammoniumchlorid, das sich schon aus winzigen Mengen von Salzsäure- und Ammoniak-Dämpfen bildet, die auch aus fest verschlossenen Flaschen entweichen, aber harmlos sind.
- Ob Sie spezielles chemisches Gerät wie Bechergläser, Stative mit Klammern und Muffen etc. anschaffen, darüber entscheidet letztlich Ihr Etat. Es gibt für all diese Geräte auch Alternativen in Supermärkten und Billigläden, auf die ich oft bei den entsprechenden Versuchsbeschreibungen hinweise.
- Eine andere wichtige Frage ist die, ob Ihr Experimentalunterricht eher lehrerzentriert verlaufen soll, oder ob Sie sich auch auf Schülerexperimente einlassen wollen. Wenn Sie Schülerübungen nicht ausschließen, dann sind Anschaffungen in Klassensätzen erforderlich, bei denen man auch noch den natürlichen Verschleiß berücksichtigen sollte.
- Wenn Sie Ihre Schüler aktiv einbeziehen wollen, empfehle ich ganz besonders die Anschaffung folgender Geräte in größerer Stückzahl: Experimentierkabel mit Krokodil-

klemmen, Objektträger, Kunststoff-Pipetten (Pasteur-Pipetten) in verschiedenen Größen, Pinzetten, Reagenzgläser, Schutzbrillen, Spatel und Spritzflaschen.

- Die Lehrmit*telfi*rmen stehen Ihnen damit, und auch mit der Lieferung von Chemikalien, zur Verfügung, auch wenn Sie an keiner weiterführenden Schule unterrichten. In der Regel müssen Sie Ihre Schule dort bei der ersten Bestellung registrieren lassen. Viele Materialien bekommen Sie hier wesentlich günstiger (oft auch in unterschiedlich großen Gebinden) als in Bau-, Drogerie- oder Supermärkten.
- Experimentalunterricht mit Schülern im Klassenverband lässt sich ohne größere Vorbereitungen realisieren, quasi spontan aus dem Handgelenk, wenn man die benötigten Geräte im Klassensatz in Kästen aufbewahrt. Ein solches System funktioniert nur dann ohne Ärger, wenn alle partizipierenden Kollegen sich an gewisse Regeln halten. Im Idealfall geht das so, dass Sie 2 Material-Kästen aus dem Schrank ziehen und nach einer entsprechenden Einführung der Schüler und einer exakten Beschreibung der Versuchsdurchführung loslegen.
- Bei Schülerexperimenten rächt es sich bitter, wenn man am Stundenende keinen Zeitpuffer für die notwendigen Auf- und Säuberungsarbeiten eingeplant hat. In jedem Fall wird man vermeiden wollen, dass die Stunde zu Ende ist, die Schüler in die Pause drängen und der Lehrer das Einsammeln, Wischen und Zurückräumen der Geräte und Materialien selbst übernehmen muss.
- Sie und Ihre Kollegen werden sich jedes Mal darüber freuen, wenn Sie Ihre Stunde nicht damit beginnen müssen, die benötigten Geräte erst einmal zu spülen oder zu reinigen. Das gehört zu den Aufgaben der Schüler am Ende jeder Übungsstunde. Denken Sie auch daran, häufig benutzte Verbrauchsmaterialien regelmäßig zu ersetzen.

Laborbedarf - Chemikalien

(falls nicht anders angegeben: Carl Roth - Bestell-Nr. - Preis: Stand Februar 2021)

Ammoniakwasser verdünnt 10%ig, *6756.1,* 1 L, 14,50 €
Ammoniumcarbonat, *CN94.2,* 1 kg, 14,35 €
Ammoniumhydrogencarbonat, *7094.1,* 1 kg, 21,90 €
Ammoniumthiocyanat, *4477.1*, 100 g, 15,90 €
Bromthymolblau Natriumsalz, *KK19.1*, 5g, 19,90 €
Calciumhydroxid, *KK03.1*, 500 g, 14,90 €
Eisen(III)chlorid Hexahydrat, *P742.1,* 250 g, 27,90 €
gelbes Blutlaugensalz (Kaliumhexacyanoferrat (II)), *7974.1*, 250 g, 16,90 €
Glycerin, *6967.1*, 1 L, 42,50 €
Glucose, *6780.1*, 1 kg, 13,90 €
Indigocarmin, *2700.1*, 25 g, 23,90 €
Kaliumcarbonat (Pottasche), *7956.1*, 1 kg, 17,50 €
Kaliumpermanganat, *P752.1*, 500 g, 39,50 €
Kupferdraht 1 Rolle, Robert Kind Lichtenfels, *958875*, 100 g, 5 €
Kupfer(II)chlorid Dihydrat, *2623.1*, 250 g, 17,90 €
Kupfer(II)sulfat Pentahydrat, *8175.6*, 250 g, 12,90 €
Lithiumchlorid, *P007.1,* 250 g, 26,90 €
Lycopodium, Robert Kind Lichtenfels, *959505*, 250 g, 25,00 €
Magnesiumband, Laborladen (Internet), *L10.0046.00001*, 25 g = 1 Rolle, 9,40 €
Magnesiumband, Robert Kind Lichtenfels, *959725,* 25 g = 1 Rolle, 17,50 €
Magnesiumsulfat Heptahydrat, *8283.2*, 1 kg,16,90 €
Natriumcarbonat Decahydrat (Soda), *8566.3*, 1 kg, 24,90 €
Natriumchlorid, *9265.1*, 1 kg, 7,35 €
Natriumhydrogencarbonat, *8551.1,* 1 kg,17,90 €

Natriumsulfat Decahydrat, *X892.1*, 500 g, 16,90 €
Natronlauge verd. (25%), *4351.1*, 1 L, 14,50 €
Methylenblau, *A514.1*, 10 g, 19,50 €
Oxalsäure Dihydrat, *T113.1,* 500 g, 30,90
Phenolphthaleinlösung 0,1 %ig, *8145.1*, 250 ml, 19,50 €
Rhodamin B, *T130.1*, 25 g, 32,90 €
Salzsäure verd. 15%, *4322.1*, 1 L ,11,90 €
Schwefelsäure verd. 20%, *4300.4,* 1 L, 14,50 €
Silbernitratlösung 5%, Robert Kind Lichtenfels, *964635*, 250 ml, 35,00 €
Superabsorber, Mitteldeutscher Lehrmittelvertrieb MLV GmbH, *949320,* 700 g, 14,50 €
Thymolphthalein, *HN97.1*, 5 g, 18,90€
Zinkpulver, Robert Kind Lichtenfels, *966984*, 250 g, 7 €
Zitronensäure *7624.1,*1 kg,17,50 €

Laborbedarf - Geräte

(falls nicht anders angegeben: Carl Roth - Bestell-Nr. - Preis: Stand Februar 2021)

Bechergläser 250 ml, hohe Form, *X704.1,* 10 St., 24,50 €
Experimentierkabel mit Bananenstecker 25 cm, blau, Robert Kind Lichtenfels, *4005010,* 1 St., 2,90 €
Experimentierkabel mit Bananenstecker 25 cm, rot, Robert Kind Lichtenfels, *4005011,* 1 St., 2,90 €
Filterpapier-Rundfilter Ø = 90 mm, *L.871.1*, 100 St., 5,40 €
Filterpapier-Rundfilter Ø = 110 mm, *L873.1,* 100 St., 8,50 €
Glasflasche mit Schraubverschluss 40 ml, Robert Kind Lichtenfels, *1130739*, 1 St., 0,45 €
Glasflasche mit Schraubverschluss 100 ml, Robert Kind Lichtenfels, *1130741*, 1 St., 0,65 €
Glasstäbe (6 x 200 mm), Robert Kind Lichtenfels, *1101491,* 1 St., 0,35 €
Glimmspäne, Klüver & Schulz, *1327500,* 100 St., 3,00 €
Klammern (Universalklemme), Klüver & Schulz, *1205600,* 1 St.,12,20 €
Solarmotor auf Plexiglasträger mit Propeller, z.B. „SUSE 4.16"; SUNdidactics, Fertiggerät: 15,98 €
Krokodilklemmen, Robert Kind Lichtenfels, *4005070,* 1 St., 0,45 €
Magnesiastäbchen, *6543.1,* 25 Stück, 22,90 €
Messzylinder 50 ml, *1666.1*, 1 St., 3,20 €
Messzylinder 100 ml, *1667.1*, 1 St., 3,95 €
Muffen (Doppelmuffe), Klüver & Schulz, *1203700,* 1 St., 6,00 €
Objektträger, *0656.1,* 50 St., 2,95 €
Pasteurpipetten Kunststoff 1 ml, *EA62.1*, 500 St., 16,95 €
Pasteurpipetten Kunststoff 3 ml, *EA65.1*, 500 St., 16,35 €
Pasteurpipetten Kunststoff 5 ml, *EA61.1*, 250 St., 21,00 €
Petrischalen Ø 9 cm, *PY88.1,* 10 St., 13,90 €
Pinzette, Klüver & Schulz, *1200500,* 1 St., 2,00 €
Reagenzgläser (16 x 160 mm), *TX24.2*, 100 St., 16,20 €
Reagenzgläser (30 x 200 mm), C214.1, 50 St., 105,00 €
Reagenzglashalter klein, Robert Kind Lichtenfels, *1204850*, 1 St., 0,50 €
Reagenzglashalter bis 30 mm, Robert Kind Lichtenfels, *1204851*,1 St., 5,00 €
Schutzbrillen (Panoramabrillen auch für Brillenträger), Robert Kind Lichtenfels, *5000014,* 1 St., 1,50 €
Rollrandgläser 25 ml, *LC85.1*, 100 St., 23,35 €
Spatel (Doppelspatel mit Rinne), Klüver & Schulz, *1199210,* 1 St., 2,15 €
Spritzflaschen, Robert Kind Lichtenfels, *1180078,* 1 St., 1,75 €
Stative (Plattenstativ 500 mm), Robert Kind Lichtenfels, *1204005,* 1 St., 15,10 €
Tiegelzange, Robert Kind Lichtenfels, *2047120*, 1 St., 3,35 €
Uhrglasschalen 50 mm, *C080.1,* 10 Stück, 9,60 €

Weitere Materialien

Baumarkt

- Arbeitshandschuhe
- Batterieblöcke 9 V
- Blitzzement
- Gasfeuerzeuge (mit langem Finger und Piezozündung)
- Heißklebepistole
- Holzdübel
- Kartuschenbrenner (meist als Kartuschenlötgerät)
- Klebeband
- Luftballons
- Lupen
- Lüsterklemmen
- Nägel
- Plastikschüssel
- PVC-Schlauch
- Quarzsand
- Rundhölzer
- Scheren
- Schmirgelpapier
- Schnur
- Stahlwolle fein
- Strompüfer
- Styropor
- Trichter
- Zwillingslitzen (2 x 0,75)

Schreibwaren und Spielzeug

- Büroklammern
- DIN A4-Blätter
- dünner Bleistift
- feiner Pinsel
- Filzstifte
- Filzstift schwarz permanent
- Filzstift schwarz wasserlöslich
- Knetmasse
- Lineal
- Murmeln
- *Stabilo* Boss Textmarker
- Tesafilm
- Tintenpatronen rot/blau

Haushaltswaren/Billigläden (z. B. 1 € Shop/TEDI)

- Bügeleisen (evtl.)
- Esslöffel
- Essteller
- Faden (dick)
- Föhn
- große Schüssel
- Gummiringe
- Kaffeelöffel
- kleine Glasschüsselchen
- kleine Schüssel
- Kunststoffrosen weiß
- Küchenreibe
- Luftballons
- Marmeladen-, Gurkengläser
- Messer
- (Näh) Nadeln
- Plastikschalen
- Trinkbecher (mit Trinkhalm und Verschlusskappe)
- Teller weiß, flach
- Trinkgläser mit breiter Öffnung
- Suppenteller
- Unterteller
- Wasserkocher

Supermarkt

- 0,5 l-Plastikflaschen
- Alufolie
- Äpfel
- braune Eier
- brauner Zucker
- Crème brûlée (Fertigpackung)
- Currypulver
- Edelstahl-Topfreiber
- Essig
- Essigessenz
- flüssiges Color-Waschmittel
- Früchtetee im Beutel
- Gartenkresse
- Getränkedose aus Aluminium
- Götterspeise rot
- Gummibärchen
- Haushaltsreiniger (leere Flaschen)
- Hirschhornsalz
- Joghurtbecher
- Kaffeepulver löslich
- Kaffeefiltertüten (weiß)
- Kokosfett (Palmin)
- Küchenpapierrollen
- Mehl
- Milchflasche (0,75 oder 1 l; Vollmilch)
- Natron
- Pflanzenöl
- Rotkohl
- Salz
- schwarzer Tee im Beutel
- Rapsöl
- Spülmittel
- Tonic Water
- Vanillearoma (Butter-Vanille)
- Weißbrot
- Wollfäden
- Zahnstocher
- Zitronen
- Zitronenaroma
- Zitronensäure (essbar)
- Zucker auch Zuckerwürfel

Drogeriemarkt

- Babywindeln
- Brausetabletten
- Einmalhandschuhe (Vinyl)
- Emser Pastillen mit Menthol
- Frischhaltefolie
- Glasreiniger (ammoniakhaltig, z. B. *Ajax Crystal Clean*)
- Maxiteelichter
- Nagellackentferner (mit Ethylacetat)
- normale Teelichter
- Plastikbecher
- Seifenspender (mit Flüssigseife)
- Spiritus
- Textilentfärber
- Topfreiber (Edelstahl)
- Trinkhalme normale Stärke
- Trinkhalme dick
- Vollwaschmittel
- Wachskerzen
- Waschsoda
- Wäscheklammern (Holz)
- Wattestäbchen
- Zitronensäure

Apotheke

- lange Kanülen (0,8 x 120 mm)
- 30 ml-Spritze
- 25 ml Tropfpipettenfläschchen

Electronic-Handel

- LED 5 mm weiß
- Kabel mit Krokodilklemmen beidseitig
- Kleinelektromotor
- Kabel mit Bananensteckern

Internet

- Filmdöschen
- Kleinelektromotor mit Propeller
- Trinkbecher mit Trinkhalm und Verschlusskappe (Tchibo)
- Taschenlampe mit UV-Licht (Dioden mit 396 nm)
- Plastik-Schnapsbecher 50 ml
- Arbeitshandschuhe (oder Gartenhandschuhe) für Kinder (z.B. "WORKPOWER | 12043 Kinder Arbeitshandschuhe Sammy"; 1 Paar für 3,05 €)
- Plastikbecher transparent 0,2 cl
- Plastikbecher transparent 0,5 l
- Plastik-Schnapsbecher 50 ml
- Spritzflasche 250 ml (Verpackungsbedarf)

Literaturverzeichnis

[1] R. Full, Chemie in unserer Zeit, **2015**, 49, 86 – 87, Editoral, Wiley-VCH Verlag GmbH & Co. KGaA, Weinheim

[2] CHEManager, 1, **2019**, „Rettet das Experiment“ (Interview mit R. Full), S. 11

[3] https://dgiss.de/; Zugriff am 01.02.2021

[4] https://www.kmk.org/fileadmin/veroeffentlichungen_beschluesse/1994/1994_09_09-Sicherheit-im-Unterricht.pdf; Zugriff am 01.02.2021

[5] https://www.bgnbranchenwissen.de/daten/a_bis_z/info_a_z_gefahrstoffe/gefstoffe_GHS/ghs_einstuf_kennz.htm; Zugriff am 01.02.2021;

Anmerkung: BNG = Berufsgenossenschaft Nahrungsmittel und Gastgewerbe

[6] https://www.dguv.de/ifa/gestis/gestis-stoffenmanager/index.jsp; Zugriff am 01.02.2021

[7] https://www.chemieunterricht.de/dc2/phph/phen-tox.htm; Zugriff am 26.01.2021

[8] https://www.lehrplanplus.bayern.de/sixcms/media.php/72/Wir%20untersuchen%20verschiedene%20Stoffe.pdf

[9] Prof. Blumes Tipp des Monats in: https://www.chemieunterricht.de/dc2/tip/08_02.htm

[10] https://www.helpster.de/gummibaerchen-inhaltsstoffe-informatives_183719; Zugriff am 26.01.2021

[11] https://www.umwelt-im-unterricht.de/medien/dateien/experiment-wie-sauber-ist-die-luft-in-unserer-umgebung/; Zugriff am 16.06.2020

[12] R. Full, „Lichtblicke – Petrischalenexperimente in der Overhead-Projektion“, Chemie in unserer Zeit, 30. Jahrg., **1996**, Nr. 6, S. 286 - 294

Ihr Pädagogik-Partner!

Roland Full

Chemie begreifen und verstehen

Einfache Schülerexperimente ohne Bunsenbrenner

Band 1: 5./6. Klasse

56 S., DIN A4,
mit Kopiervorlagen
Best.-Nr. 308

Band 2: 7./8. Klasse

64 S., DIN A4,
mit Kopiervorlagen
Best.-Nr. 309

Band 3: 9./10. Klasse

64 S., DIN A4,
mit Kopiervorlagen
Best.-Nr. 310

Ein innovatives Experimentierprogramm mit Durchführungshinweisen, Zusatzmaterialien und viel Hintergrundwissen! Die **einfach durchführbaren Experimente** liefern Schüler/-innen wertvolle Einsichten beim Forschen, Entdecken und Verstehen chemischer Zusammenhänge. Die benötigten Materialien werden jeweils am Anfang der Arbeitsblätter genannt und sind in jeder Chemiesammlung vorhanden bzw. können leicht beschafft werden. Der **Aufbau und die Durchführung** der Versuche werden kleinschrittig in Wort und Bild beschrieben. Die Kopiervorlagen bieten Raum zum Notieren der Schülerbeobachtungen sowie abschließend fachliche Erklärungen zu den beobachteten Phänomenen. Der Autor stellt Lehrkräften zu jedem Kapitel wichtiges Hintergrundwissen als **theoretisches Fundament** voran, mit genauen Angaben zu den jeweiligen Lernzielen sowie aussagekräftigen Grafiken in Farbe. Besonders geeignet für **fachfremd unterrichtende Lehrkräfte**.

Roland Full

Vom Experimentieren zum Forschen

25 Jugend forscht-Musterprojekte im Fachgebiet Chemie

260 S., DIN A4,
mit Kopiervorlagen,
243 Abbildungen und 23 Tabellen
Best.-Nr. 181

25 anregende und erfolgreiche Musterprojekte von „Jugend forscht“, vorgestellt von 26 Jungforscherinnen und Jungforschern. Diese sind Lesestoff, Orientierung und Anregung für interessierte Schüler und Lehrer. Die Experimente entstanden in der Zeit von 2000 bis 2017 und können aufgrund der verständlichen Darstellung jederzeit nachvollzogen werden. Alle Projekte sind spannend und attraktiv durch einen hohen Alltagsbezug. Schwerpunktthema aller Musterprojekte ist die Wirt-Gast-Chemie.

Weitere Infos, Leseproben und Inhaltsverzeichnisse unter
www.brigg-verlag.de

Bestellcoupon

Ja, bitte senden Sie mir / uns mit Rechnung

_____Expl. Best.-Nr. ____________________

_____Expl. Best.-Nr. ____________________

_____Expl. Best.-Nr. ____________________

Meine Anschrift lautet:

Name / Vorname

Straße

PLZ / Ort

E-Mail

Datum/Unterschrift Telefon (für Rückfragen)

Bitte kopieren und einsenden/faxen an:

Brigg Verlag
C. Büchler
Beilingerstr. 21
86316 Friedberg

Bequem bestellen per Telefon / Fax:
Tel.: 0 89 / 61 38 71 27
Fax: 0 89 / 61 38 71 20
Online: www.brigg-verlag.de